中文

谢睎源

（修订版）

第三册

中国暨南大学华文学院 编

暨南大学出版社

中国·广州

监　制：　中华人民共和国国务院侨务办公室

监制人：　刘泽彭

顾　问：　(按姓氏笔画排列)

　　　　　杨启光　　陈光磊　　陈学超　　周小兵　　赵金铭

　　　　　班　弨　　郭　熙

主　编：　贾益民

编　写：　(按姓氏笔画排列)

　　　　　干红梅　　于　珊　　王　劼　　刘潇潇　　刘　慧

　　　　　许迎春　　孙清忠　　李　艳　　吴玉峰　　吴晓明

　　　　　何慧宜　　张凤芝　　张雪芹　　周　琴　　赵晓艳

　　　　　胡建刚　　贾益民　　郭楚江　　谈颖瑜　　黄年丰

　　　　　常芳清　　梁　静　　董　斌　　潘　莉　　戴　薇

英文翻译：　戴　薇

责任编辑：　李　战　　沈凤玲　　黄圣英　　陈鸿瑶　　黄　倩

　　　　　吕肖剑　　杜小陆

责任校对：　陈　涛　　侯丽庆　　梁吉平　　黄海燕　　周玉宏

美术编辑：　李海燕

前　言

　　《中文》(试用版) 教材是1996年由中华人民共和国国务院侨务办公室委托暨南大学华文学院为海外华侨、华人子弟学习中文而编写的。全套教材共48册，其中《中文》主课本12册，家庭练习册24册（分为A、B册），教师教学参考书12册。2000—2003年，我们又接受国务院侨务办公室委托，先后研制了与本教材配套的多媒体教学光盘《中文》及网络版教材《网上学中文》(见中国侨网：http：//www.chinaqw.com，暨南大学华文学院网站：http：//hwy.jnu.edu.cn)，同时又将《中文》改编为繁体字版教材，一并发行使用，深受海外华文教师、学生及其家长的欢迎和好评。

　　这次《中文》教材的修订是中华人民共和国国务院侨务办公室委托暨南大学华文学院在《中文》教材试用版的基础上，总结自1997年以来的试用情况，结合海外华文教育的实际需要和特点，广泛听取各方面意见和建议，以教材研究为依据进行的。修订版《中文》教材全套共52册，除原有的48册外，另增编了配套的《学拼音》课本1册、《学拼音练习册》2册及《学拼音教学参考》1册。

　　本教材的教学目的是使学生经过全套《中文》教材的学习与训练，具备汉语普通话听、说、读、写的基本能力，了解中华文化常识，为进一步学习中国语言文化打下良好的基础。

　　在修订编写过程中，我们根据海外华文教育的目标要求，从教学对象的年龄、生活环境和心理特点出发，以中国国家对外汉语教学领导小组办公室汉语水平考试部编制的《汉语水平等级标准与语法等级大纲》(1996)、中国国家汉语水平考试委员会办公室考试中心制定的《汉语水平词汇与汉字等级大纲》(2001) 和中国国家语委、国家教委公布的《现代汉语常用字表》(1988) 等为依据或参考，科学地安排教材的字、词、句、篇章等内容，由浅入深、循序渐进地设置家庭练习，以期教学相长、学以致用，培养学生的学习兴趣，启发学生积极思考，提高学生运用中文的能力。同时，我们对海外现有中文教材进行了深入的分析研究，参考和借鉴了许多有益的经验，力求使教材达到教与练、学与用的统一，并在教材内容与体例、图文编排、题型设计以及教学理念的体现等方面有所创新。

　　现将修订中的有关问题说明如下：

　　一、根据海外中文 (华文) 学校的教学安排，修订后的《中文》教材每册由原来的14课调整为12课，并适当降低了课文难度。每3课为1个单元，每册共有4个单元。每个单元附有综合练习，每册增加了总练习。每册教材均附录音序生词表，生词右下角标注课文序号。

　　二、修订版教材第1册第1～6课为识字课，主课文后只列生字，不列词语和句子；自第7课开始，主课文后列词语和句子，但只列双音节或多音节词语，单音节词不列入；部分主课文后还列有"专有名词"，如人名、地名、国名等。

三、为了方便教学，修订版《中文》教材另配有《学拼音》及配套练习册，故1~12册主教材不含现代汉语拼音教学内容，但自第5册开始，适当增加了部分拼音练习。

四、修订版《中文》第1~4册的主课文、阅读课文均加注现代汉语拼音，从第5册开始，只为生字注音。注音时除主课文后的"词语"和"专有名词"按词注外，其余部分均按字注音，一般标本调，但几类轻声不标声调。一般轻读、间或重读的字，注音上标调号。

此外，"一"、"不"在课文中按实际读音标注声调。

五、儿化的处理。凡书面上可以不儿化的，不作儿化处理，但有拼音时则加注儿化音；非儿化不可的，则将"儿"字放在词后，如"这儿"、"一会儿"等。

六、为了方便学生学习，修订版《中文》教材（1~6册）及练习册的课文题目、练习题目等配有英文翻译或解释。"专有名词"中加注了英文名称。

七、新出现的笔画或部首均在课文生字栏下列出，但识字课只列笔画，不列部首。1~4册课堂练习中的"描一描，写一写"，凡生字均按笔顺逐一列出笔画，并将笔画书写方向用红色箭头标出。从第5册开始，课堂练习的生字不再按笔顺列出笔画。笔顺规范依据中国国家语委、新闻出版总署颁布的《现代汉语通用字笔顺规范》(1997)。

八、为方便阅读课文的教学和自学，修订版《中文》教材在阅读课文后增加了"生字""词语"，部分列有"专有名词"，并相应地在《中文教学参考》中增加了阅读课文的教学参考内容。

九、为了适应部分学生认读繁体字的需要，修订版教材在主课本之后附有"简繁对照"的音序生字表，并在生字右下角标出课文序号。自第2册开始，各册均收录前面各册教材的音序生字表，以方便查阅。本教材所列繁体字依据中国国家语委颁布的《简化字总表》(1986)，该表附录中所列异体字已停止使用，故本教材不再作为繁体字或异体字收录。繁体字字形均采用新字形。《中文教学参考》中也相应地增加了繁体字的教学参考内容。

十、为培养学生的汉语交际能力，修订版《中文》教材在原有的基础上进一步加强了汉语交际功能训练。

本教材的修订再版得到了国内外一些知名的语言学专家、汉语教学专家和在海外从事中文教学与研究的学者的热情指导，对此我们表示诚挚的谢意。

由于修订时间仓促，本教材仍会存在某些疏漏之处，祈盼各位专家、学者及广大教师不吝赐教。

编 者

目录 *Contents*

第一单元

第二单元

目录 *Contents*

第三单元

第四单元

目录 Contents

1

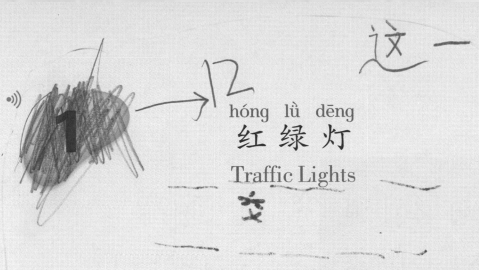

hóng lǜ dēng
红绿灯
Traffic Lights

jiē dào kuān　　jiē dào cháng
街道宽，街道长，
jiē dào jiāo tōng zhēn shì máng
街道交通真是忙。
hǎo zài yǒu le hóng lǜ dēng
好在有了红绿灯，
rén lái chē wǎng hěn tōng chàng
人来车往很通畅。

dì di mèi mei shǒu lā shǒu
弟弟妹妹手拉手，
yì qǐ zǒu dào jiē dào kǒu
一起走到街道口。
kàn jian hóng dēng tíng yi tíng
看见红灯停一停，
kàn jian lǜ dēng wǎng qián zǒu
看见绿灯往前走。

生字 shēng zì (Characters)

灯 dēng	街 jiē	道 dào	宽 kuān	交 jiāo	通 tōng
忙 máng	往 wǎng	弟 dì	妹 mèi	拉 lā	停 tíng

火 —— 灯

词语 cí yǔ (Words and expressions)

jiēdào	jiāotōng	zhēnshì	dìdi	mèimei	yìqǐ	kànjian
街道	交通	真是	弟弟	妹妹	一起	看见

句子 jù zi (Sentence)

kàn jian lǜ dēng wǎng qián zǒu

看见绿灯往前走。

kè táng liàn xí
课堂练习
Exercises in Class

miáo yi miáo   xiě yi xiě
1 **描一描，写一写** (Learn to write.)

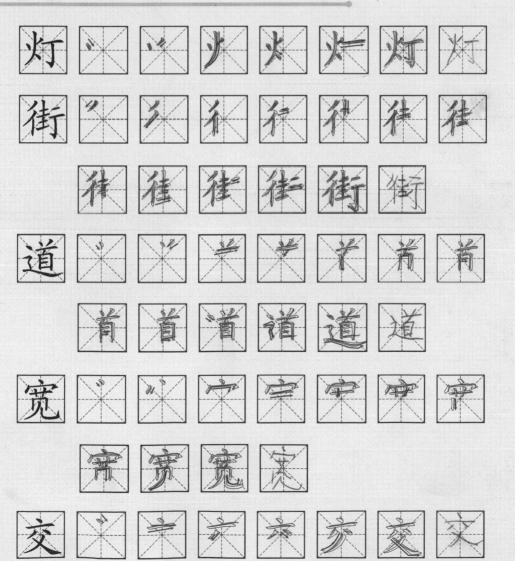

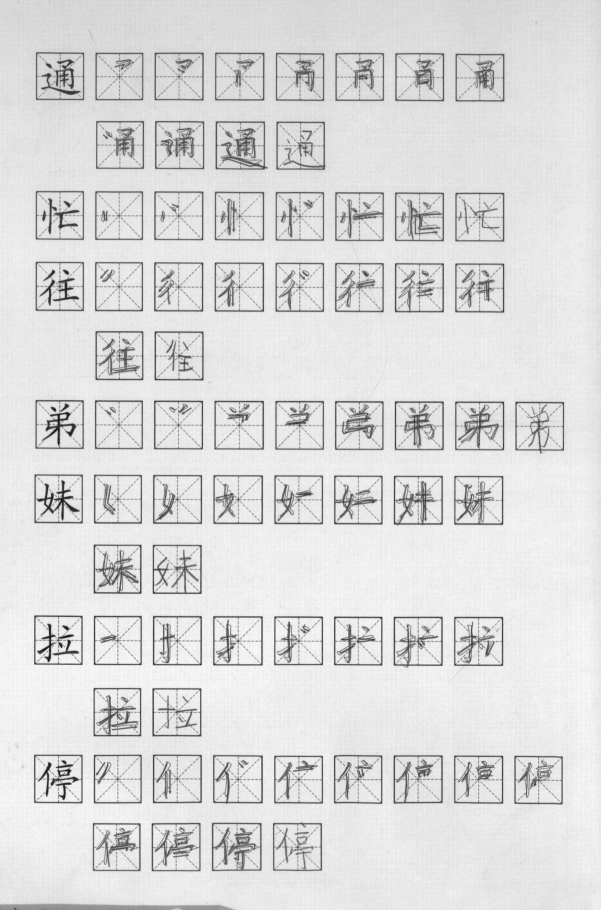

2 读一读 dú yi dú (Read aloud.)

红灯　绿灯　路灯 shì　灯光　开灯　关灯 gēng

街灯　街头　街市　上街　街道　道路

又宽又大　很宽

交通　交通车　交通灯　交通工具　通过 guò

来往 wǎng　人来车往　弟弟　妹妹　拉拉手　手拉手 tíng

停车　停电　停水　停放　停一停

3 扩展与替换 kuò zhǎn yǔ tì huàn (Expand and substitute.)

往
往前走
看见绿灯往前走。

看见绿灯往前 走。

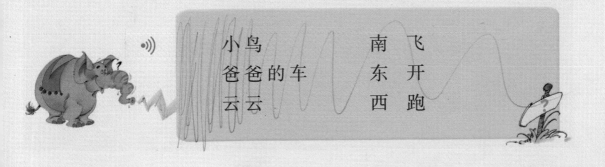

小鸟	南　飞
爸爸的车	东　开
云云	西　跑

4 对话 (Dialogue)

duì huà

（妈妈和云云走到街道口）

云云：妈妈，红灯亮了，等一会儿吧。

妈妈：好。

云云：红绿灯也叫交通灯，对吗？

妈妈：对。

云云：听说有的红绿灯还会"说话"呢。

妈妈：是啊。

云云：老师也告诉过我们。妈妈，绿灯亮了，我们走吧。

妈妈：好的。

5 想一想，说一说 (Think and answer the following questions.)

xiǎng yi xiǎng　shuō yi shuō

（1）街道口有什么灯？

（2）为什么街道口要有红绿灯？

jiāo tōng gē
交 通 歌
A Song of Traffic

dà mǎ lù　　kuān yòu kuān
大 马 路，宽 又 宽，
dà xiǎo qì chē pǎo de huān
大 小 汽 车 跑 得 欢。
xiǎo péng you　　guò mǎ lù
小 朋 友，过 马 路，
yí dìng yào zǒu bān mǎ xiàn
一 定 要 走 斑 马 线。
lǜ dēng xíng　　hóng dēng tíng
绿 灯 行，红 灯 停，
huáng dēng liàng le　bù qiǎng xíng
黄 灯 亮 了 不 抢 行。

shēng zì
生 字 (Characters)

lù　　qì　　dìng　　xiàn　　xíng　　qiǎng
路　汽　定　线　行　抢

cí yǔ
词 语 (Words and expressions)

mǎlù　　qìchē　　bānmǎxiàn
马 路　汽 车　斑 马 线

2

<ruby>去<rt>qù</rt></ruby> <ruby>书<rt>shū</rt></ruby> <ruby>店<rt>diàn</rt></ruby>

Going to the Bookstore

<ruby>今<rt>jīn</rt></ruby><ruby>天<rt>tiān</rt></ruby><ruby>星<rt>xīng</rt></ruby><ruby>期<rt>qī</rt></ruby><ruby>天<rt>tiān</rt></ruby>，<ruby>爸<rt>bà</rt></ruby><ruby>爸<rt>ba</rt></ruby><ruby>和<rt>hé</rt></ruby><ruby>我<rt>wǒ</rt></ruby><ruby>去<rt>qù</rt></ruby><ruby>书<rt>shū</rt></ruby><ruby>店<rt>diàn</rt></ruby>。<ruby>书<rt>shū</rt></ruby><ruby>店<rt>diàn</rt></ruby><ruby>里<rt>li</rt></ruby><ruby>的<rt>de</rt></ruby><ruby>儿<rt>ér</rt></ruby><ruby>童<rt>tóng</rt></ruby><ruby>书<rt>shū</rt></ruby><ruby>可<rt>kě</rt></ruby><ruby>真<rt>zhēn</rt></ruby><ruby>多<rt>duō</rt></ruby>，<ruby>有<rt>yǒu</rt></ruby><ruby>童<rt>tóng</rt></ruby><ruby>话<rt>huà</rt></ruby><ruby>故<rt>gù</rt></ruby><ruby>事<rt>shi</rt></ruby>、<ruby>儿<rt>ér</rt></ruby><ruby>童<rt>tóng</rt></ruby><ruby>画<rt>huà</rt></ruby><ruby>报<rt>bào</rt></ruby>，<ruby>还<rt>hái</rt></ruby><ruby>有<rt>yǒu</rt></ruby><ruby>很<rt>hěn</rt></ruby><ruby>多<rt>duō</rt></ruby><ruby>中<rt>zhōng</rt></ruby><ruby>文<rt>wén</rt></ruby><ruby>课<rt>kè</rt></ruby><ruby>本<rt>běn</rt></ruby>。<ruby>我<rt>wǒ</rt></ruby><ruby>拿<rt>ná</rt></ruby><ruby>了<rt>le</rt></ruby><ruby>一<rt>yì</rt></ruby><ruby>本<rt>běn</rt></ruby><ruby>安<rt>ān</rt></ruby><ruby>徒<rt>tú</rt></ruby><ruby>生<rt>shēng</rt></ruby><ruby>的<rt>de</rt></ruby><ruby>童<rt>tóng</rt></ruby><ruby>话<rt>huà</rt></ruby><ruby>故<rt>gù</rt></ruby><ruby>事<rt>shi</rt></ruby><ruby>看<rt>kàn</rt></ruby><ruby>了<rt>le</rt></ruby><ruby>起<rt>qi</rt></ruby><ruby>来<rt>lai</rt></ruby>。<ruby>一<rt>yí</rt></ruby><ruby>会<rt>huì</rt></ruby><ruby>儿<rt>r</rt></ruby>，<ruby>爸<rt>bà</rt></ruby><ruby>爸<rt>ba</rt></ruby><ruby>来<rt>lái</rt></ruby><ruby>叫<rt>jiào</rt></ruby><ruby>我<rt>wǒ</rt></ruby>。<ruby>他<rt>tā</rt></ruby><ruby>说<rt>shuō</rt></ruby>："<ruby>现<rt>xiàn</rt></ruby><ruby>在<rt>zài</rt></ruby><ruby>十<rt>shí</rt></ruby><ruby>二<rt>èr</rt></ruby><ruby>点<rt>diǎn</rt></ruby><ruby>了<rt>le</rt></ruby>。<ruby>妈<rt>mā</rt></ruby><ruby>妈<rt>ma</rt></ruby><ruby>在<rt>zài</rt></ruby><ruby>家<rt>jiā</rt></ruby><ruby>等<rt>děng</rt></ruby><ruby>我<rt>wǒ</rt></ruby><ruby>们<rt>men</rt></ruby><ruby>吃<rt>chī</rt></ruby><ruby>饭<rt>fàn</rt></ruby><ruby>呢<rt>ne</rt></ruby>。"<ruby>我<rt>wǒ</rt></ruby><ruby>说<rt>shuō</rt></ruby>："<ruby>爸<rt>bà</rt></ruby><ruby>爸<rt>ba</rt></ruby>，<ruby>我<rt>wǒ</rt></ruby><ruby>很<rt>hěn</rt></ruby><ruby>喜<rt>xǐ</rt></ruby><ruby>欢<rt>huan</rt></ruby><ruby>安<rt>ān</rt></ruby><ruby>徒<rt>tú</rt></ruby><ruby>生<rt>shēng</rt></ruby><ruby>的<rt>de</rt></ruby><ruby>童<rt>tóng</rt></ruby><ruby>话<rt>huà</rt></ruby><ruby>故<rt>gù</rt></ruby><ruby>事<rt>shi</rt></ruby>，<ruby>给<rt>gěi</rt></ruby><ruby>我<rt>wǒ</rt></ruby><ruby>买<rt>mǎi</rt></ruby><ruby>一<rt>yì</rt></ruby><ruby>本<rt>běn</rt></ruby><ruby>吧<rt>ba</rt></ruby>。"<ruby>爸<rt>bà</rt></ruby><ruby>爸<rt>ba</rt></ruby><ruby>说<rt>shuō</rt></ruby>："<ruby>好<rt>hǎo</rt></ruby>。"

爸爸付了钱，我拿着新买的书，高高
兴兴地走出了书店。

（bà ba fù le qián wǒ ná zhe xīn mǎi de shū gāo gāo / xìng xìng de zǒu chu le shū diàn）

生字 (Characters)
^{shēng zì}

店 (diàn) 童 (tóng) 话 (huà) 故 (gù) 报 (bào) 课 (kè) 拿 (ná)

现 (xiàn) 等 (děng) 吃 (chī) 饭 (fàn) 呢 (ne) 付 (fù) 钱 (qián)

广 —— 店　　立 —— 童

手 —— 拿　　钅 —— 钱

词语 (Words and expressions)
^{cí yǔ}

书店 (shūdiàn)　儿童 (értóng)　故事 (gùshi)　画报 (huàbào)　课本 (kèběn)　起来 (qǐlai)

现在 (xiànzài)

专有名词 (Proper noun)
^{zhuān yǒu míng cí}

安徒生 (Āntúshēng) (Hans Christian-Andersen)

句子 (Sentence)
^{jù zi}

我高高兴兴地走出了书店。
（wǒ gāo gāo xìng xìng de zǒu chu le shū diàn）

中文 3

1 描一描，写一写 (Learn to write.)
miáo yi miáo　xiě yi xiě

店

童

话

故

报

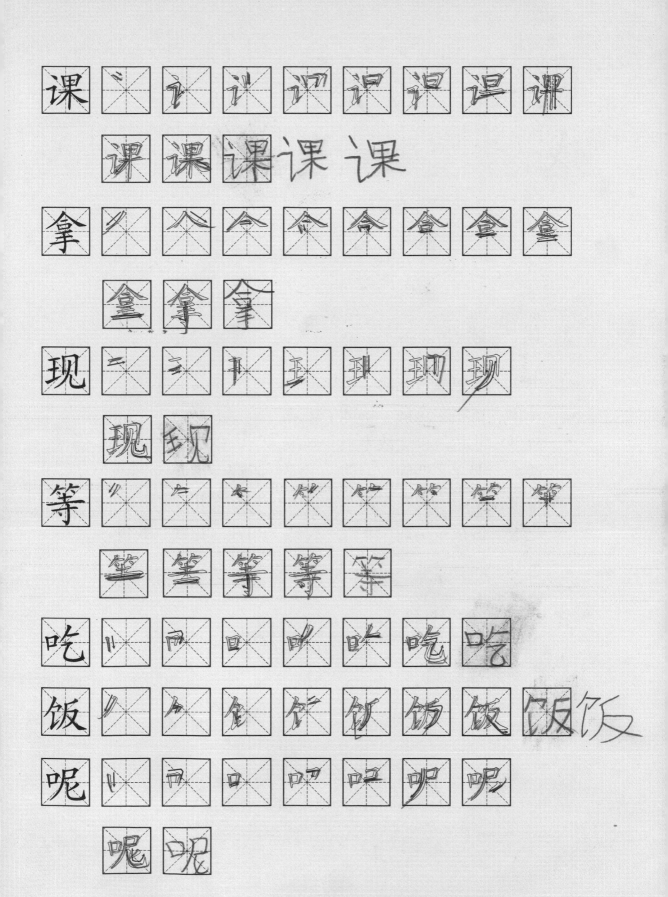

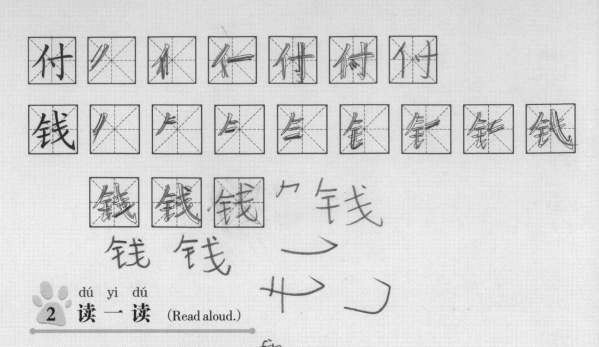

付 丿 亻 仁 付 付 付

钱 丿 尸 钅 钅 钅 钱 钱

钱 钱 钱 钱

钱 钱

2 读一读 (Read aloud.)

dú yi dú

书店　面包店　花店　饭店
儿童　童年　童话　说话　讲话
故事　儿童故事　故事书　画报
课本　课文　课间　上课　下课　听课　讲课
拿来　拿走　现在　等车　等人　等一会儿
吃饭　做饭　早饭　午饭　付钱　用钱　花钱　钱包

3 扩展与替换 (Expand and substitute.)

kuò zhǎn yǔ tì huàn

书店
走出了书店
高高兴兴地走出了书店
我高高兴兴地走出了书店。

我 高高兴兴 地 走出 了 书店。

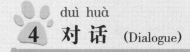
姐姐 开开心心 　　来到 　　学校
方方 高高兴兴 　　来到 　　公园

duì huà
4 对话 (Dialogue)

方方：爸爸，我想去书店买书。

爸爸：好！你想买什么书？

方方：买一本安徒生的童话故事。

爸爸：为什么？

方方：今天上课的时候，老师给我们讲了安徒生的童话，
　　　我觉得很有意思。

爸爸：那买一本吧。还想买别的书吗？

方方：再买两本儿童画报。

爸爸：明天星期六，我们明天去吧。

方方：太好了。

xiǎng yi xiǎng　shuō yi shuō
5 想一想，说一说 (Think and answer the following questions.)

(1) 你去过书店吗？书店里有什么书？

(2) 你喜欢看什么书？

"一"和"万"
yī hé wàn

One and Ten Thousand

有个孩子跟老师学写汉字。老师先写了个"一"字,说:"这是一。"老师接着写了个"二"字,说:"这是二。"老师又写了个"三"字,说:"这是三。"听到这里,这个孩子高兴极了。他扔下笔说:"我已经学会写字了,不用再学了。"

过了几天,有个姓万的叔叔来了。这个孩子说:"叔叔,我会写汉字了。"叔叔说:"好啊,你写写我的名字吧。"他听了以后马上就进书房去写了。

过了很久,他还没有写好。叔叔走进书房,想看看是怎么回事,只见他满头大汗,

biān xiě biān shuō　　dōu shì shū shu bù hǎo　　nǐ wèi shén me yào xìng wàn
边写边说："都是叔叔不好，你为什么要姓万

ne　　wǒ xiě le zhè me jiǔ　　cái xiě le wǔ bǎi duō huà
呢？我写了这么久，才写了五百多画！"

shēng zì
生字 (Characters)

jiē　yǐ　jīng　jiǔ　hàn　biān
接　已　经　久　汗　边

cí yǔ
词语 (Words and expressions)

shūshu　shūfáng
叔叔　书房

3 在医院里

zài yī yuàn li

In the Hospital

wǒ gǎn mào le fā shāo bà ba hé mā ma dài wǒ qù
我 感 冒 了， 发 烧， 爸 爸 和 妈 妈 带 我 去
yī yuàn kàn bìng
医 院 看 病。

dào le yī yuàn hù shi gěi wǒ liáng le tǐ wēn yī shēng
到 了 医 院， 护 士 给 我 量 了 体 温， 医 生
gěi wǒ zuò le jiǎn chá yī shēng duì bà ba mā ma shuō
给 我 做 了 检 查。 医 生 对 爸 爸 妈 妈 说：

tā gǎn mào le   zài fā shāo ne   dǎ yì zhēn   chī yì
"她 感 冒 了， 在 发 烧 呢。 打 一 针， 吃 一

diǎnr yào jiù huì hǎo de   tīng le yī shēng de huà   bà
点 儿 药 就 会 好 的。" 听 了 医 生 的 话， 爸

ba mā ma dōu fàng xīn le   bà ba fù le qián   ná le
爸 妈 妈 都 放 心 了。 爸 爸 付 了 钱， 拿 了

yào   jiù dài wǒ qù dǎ zhēn   dǎ le zhēn   wǒ jué de hǎo
药， 就 带 我 去 打 针。 打 了 针， 我 觉 得 好

duō le
多 了。

shēng zì
生 字 (Characters)

yī	yuàn	gǎn	mào	shāo	dài	bìng
医	院	感	冒	烧	带	病

hù	shì	liáng	wēn	zhēn	yào	jiù
护	士	量	温	针	药	就

匚 —— 医 广 —— 病

cí yǔ
词 语 (Words and expressions)

yīyuàn gǎnmào fāshāo hùshi yìdiǎnr
医院 感冒 发烧 护士 一点儿

fàngxīn dǎzhēn
放心 打针

jù zi
句 子 (Sentence)

wǒ qù yī yuàn kàn bìng
我 去 医 院 看 病。

中文 3

kè táng liàn xí
课堂 练习
Exercises in Class

miáo yi miáo　xiě yi xiě
1 描一描，写一写 (Learn to write.)

医

院

感

冒

烧

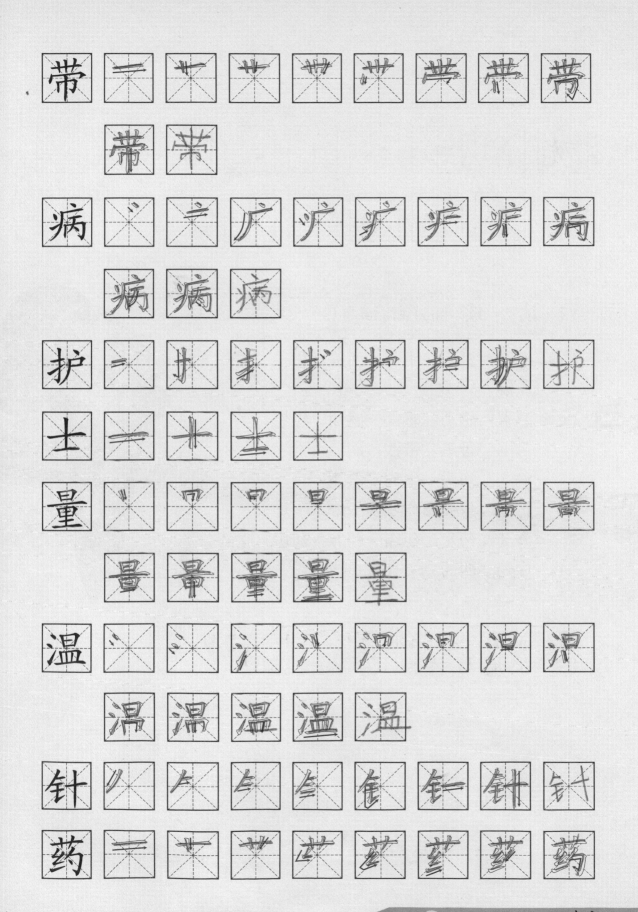

带 一 十 廿 带 带 带 带 带
带 带

病 丶 亠 广 疒 疒 疒 病
病 病 病

护 一 扌 扌 扌 护 护 护 护

士 一 十 士 士

量 丿 口 口 旦 旱 景 冒 量
量 量 量 量 量

温 丶 冫 氵 氵 温 温 温
温 温 温 温 温

针 丿 乍 乍 钅 钅 针 针

药 一 十 艹 艹 药 药 药 药

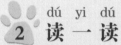

dú yi dú

2 读一读 （Read aloud.）

医院　医生　中医　西医
出院　学院
感冒　感动　感人　感谢　感想
带书　带笔　带钱
病人　病房　生病　看病
护士　量体温　发烧　烧水　烧火
开药　药水　药店　药方　药房　吃药
中药　西药

kuò zhǎn yǔ tì huàn

3 扩展与替换 （Expand and substitute.）

看病
去看病
去医院看病
我去医院看病。

我　去医院　看病。

云云	海边	游泳
我	房间	看书
方方	学校	上学

去
去医院
去医院打针
我去医院打针
带我去医院打针
爸爸带我去医院打针。

爸爸带我去医院　打针。

妈妈	我	医院	看病
爷爷	弟弟	海边	游泳
姐姐	妹妹	书店	买书

4 对话 (Dialogue)

duì huà

))) 云云：明明，昨天为什么没来上课呢？

明明：我病了，妈妈带我去医院了。

))) 云云：怎么了？

zěn

明明：医生说我感冒了。

))) 云云：发烧了吗？

明明：量过体温，有一点儿发烧。

云云：吃药了吗？

明明：吃了，护士还给我打了针。

))) 云云：现在觉得怎么样？

zěn yàng

明明：好多了。谢谢你。

云云：不客气。今天的作业有什么不明白的就问我吧。

kè qi *yè*

明明：好的！

5 想一想，说一说 (Think and answer the following questions.)

xiǎng yi xiǎng *shuō yi shuō*

))) (1) 要是感冒了，你喜欢吃药还是打针？

(2) 说说你去看病的情况。

qíng kuàng

)))

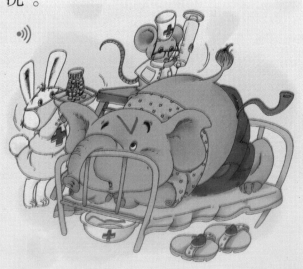

xū jīng yì chǎng
虚惊一场
A False Alarm

mā ma　　qiāo mén　　xiǎo huá　　kuài kāi mén　　wèi shén me yī shēng zǒu
妈妈（敲门）：小华，快开门。为什么医生走
hòu　nǐ jiù bǎ zì jǐ guān zài fáng jiān li　shéi dōu bù xiǎng jiàn
后，你就把自己关在房间里，谁都不想见
ne
呢？

xiǎo huá　　nán guò de　　mā ma　wǒ zhè me xiǎo jiù yào sǐ le ma
小华（难过地）：妈妈，我这么小就要死了吗？

mā ma　zháo jí de　　xiǎo huá　nǐ zěn me le　wǒ jìn qù xíng ma
妈妈（着急地）：小华，你怎么了？我进去行吗？

xiǎo huá　　kū zhe　　bù xíng　wǒ kuài yào sǐ le　jiù ràng wǒ yí ge
小华（哭着）：不行！我快要死了，就让我一个
rén ān jìng yí huìr ba
人安静一会儿吧！

mā ma　推 kāi mén　shéi shuō nǐ yào sǐ le　nǐ zhǐ shì gǎn mào fā
妈妈（推开门）：谁说你要死了？你只是感冒发
shāo　hěn kuài jiù huì hǎo de
烧，很快就会好的。

xiǎo huá　pū dào mā ma huái li　nǐ piàn rén　yī shēng shuō wǒ shāo
小华（扑到妈妈怀里）：你骗人！医生说我烧
dào le　dù　lǎo shī shuō guò　rén de tǐ wēn zuì gāo shì
到了102度。老师说过，人的体温最高是44
dù　chāo guò zhè ge dù shù　rén jiù huì sǐ de　wǒ yǐ jīng shāo
度，超过这个度数，人就会死的。我已经烧
dào　dù le　hái bú huì sǐ ma
到102度了，还不会死吗？

mā ma　xiào le　shǎ hái zi　lǎo shī shuō de shì shè shì dù　yī
妈妈（笑了）：傻孩子，老师说的是摄氏度，医
shēng shuō de shì huá shì dù　shè shì dù hé huá shì dù shì bù tóng
生说的是华氏度。摄氏度和华氏度是不同

de　huá shì　　dù zhǐ yǒu shè shì　　dù　nǐ zěn me huì sǐ
的。华氏102度只有摄氏38.9度，你怎么会死

ne
呢？

xiǎo huá　jīng xǐ de　　zhè shì zhēn de ma
小华（惊喜地）：这是真的吗？

mā ma　　dāng rán shì zhēn de la　　mā ma hái huì piàn nǐ ma
妈妈：当然是真的啦！妈妈还会骗你吗？

xiǎo huá　gāo xìng de xiào le　　tài hǎo le　　zhè yàng wǒ jiù bú huì sǐ
小华（高兴地笑了）：太好了！这样我就不会死

le
了！

shēng zì
生 字 (Characters)

sǐ　　kū　　tuī　　pū　　piàn　　shǎ
死　哭　推　扑　骗　傻

cí　yǔ
词 语 (Words and expressions)

zìjǐ　　nánguò　　ānjìng　　jīngxǐ　　dāngrán
自己　难过　安静　惊喜　当然

中文 3　　24

zōng hé liàn xí yī
综合练习（一）
Review 1

zhào lì zi xiě yi xiě
1. 照例子写一写 (Fill in the blanks after the model.)

lì
例：

氵
+
讠 + 舌 → 话
+
井
↓
讲
↓
活

王 + 元 → 玩

宀 + 艹 + 见 → 宽
+
至
↓
现
↓
室

纟 + 合 → 绘
+
氵 + 工 → 江
↓
红

bǐ yi bǐ zài zǔ cí yǔ
2. 比一比，再组词语 (Compare and form phrases.)

交 交通 ｜ 弟 弟弟 ｜ 医 医院 ｜ 士 护士
教 教室 ｜ 地 我地 ｜ 衣 红衣 ｜ 室 教室

xuǎn cí yǔ tián kòng
3. 选词语填空 (Choose the right words to fill in the blanks.)

真 起来 就 现在

(1) 我吃了早饭 起来 去上学。

(2) <u>现在</u> 十二点了，妈妈在家等我们吃饭呢。

(3) 我拿了一本儿童画报看了<u>起来</u>。

(4) 街道交通 <u>真</u> 忙。

4. 照例子完成句子 (Complete the sentences with the given words or expressions after the model.)

lì

例：妈妈买水果。 （不）

妈妈不买水果。

(1) 护士打针。 （给我）

<u>护士给我打针。</u>

(2) 弟弟和妹妹学习。 （在中文学校）

<u>弟弟和妹妹在中文学校学习。</u>

(3) 我去公园。 （高高兴兴地）

<u>我高高兴兴地去公园。</u>

zhào lì zi xiě yi xiě

5. 照例子写一写 (Complete the sentences after the model.)

lì

例：今天星期六，妈妈带我去公园。

(1) 今天<u>星期天</u>，爸爸<u>和</u>我<u>去书店</u>。

(2) 我们走到<u>花园</u>，看到<u>很多花</u>。

(3) 亮亮："明明，你去哪儿？"

明明："<u>我去公园</u>，你呢？"

亮亮："<u>我去花园</u>。"

(4) 书店里的书<u>很好</u>，有童话故事、<u>和报纸</u>还有<u>杂志</u>。

(5) 最后，我要了一本<u>书</u>，爸爸<u>付</u>了<u>钱</u>，

我们<u>开心</u>地回家了。

4

cāi yi cāi
猜一猜
Make a Guess

yī
（一）

dīng líng líng　　dīng líng líng
丁零零，丁零零，
méi yǒu bí zi méi yǎn jing
没有鼻子没眼睛。
yì zhī ěr duo yì zhāng zuǐ
一只耳朵一张嘴，
yì biān shuō huà yì biān tīng
一边说话一边听。

èr
（二）

wēng wēng wēng　wēng wēng wēng
嗡嗡嗡，嗡嗡嗡，
fēi lái fēi qù máng zuò gōng
飞来飞去忙做工。
chuán huā fěn　cǎi huā mì
传花粉，采花蜜，
cóng xiǎo gè gè ài láo dòng
从小个个爱劳动。

上

生字 (Characters)
shēng zì

cāi	bí	yǎn	jīng	zhī	duǒ	zuǐ
猜	鼻	眼	睛	只	朵	嘴

biān	chuán	fěn	cǎi	mì	láo	dòng
边	传	粉	采	蜜	劳	动

米——粉　虫——蜜

词语 (Words and expressions)
cí yǔ

bízi	yǎnjing	ěrduo	yìbiān	yìbiān	láodòng
鼻子	眼睛	耳朵	一边……	一边……	劳动

句子 (Sentence)
jù zi

yì biān shuō huà yì biān tīng
一边说话一边听。

miáo yi miáo   xiě yi xiě
1 描一描，写一写 (Learn to write.)

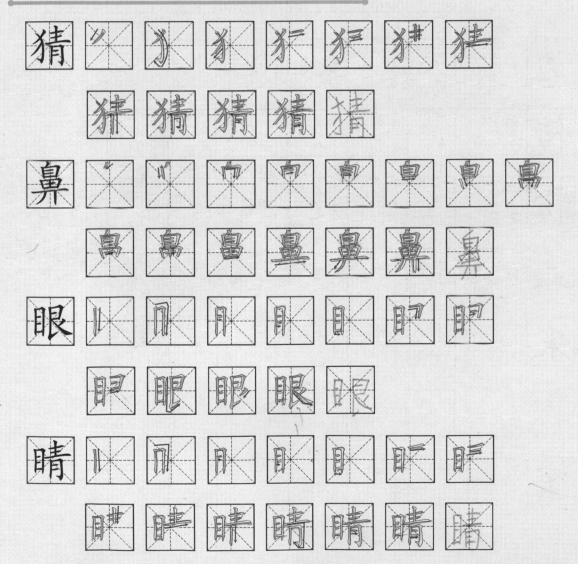

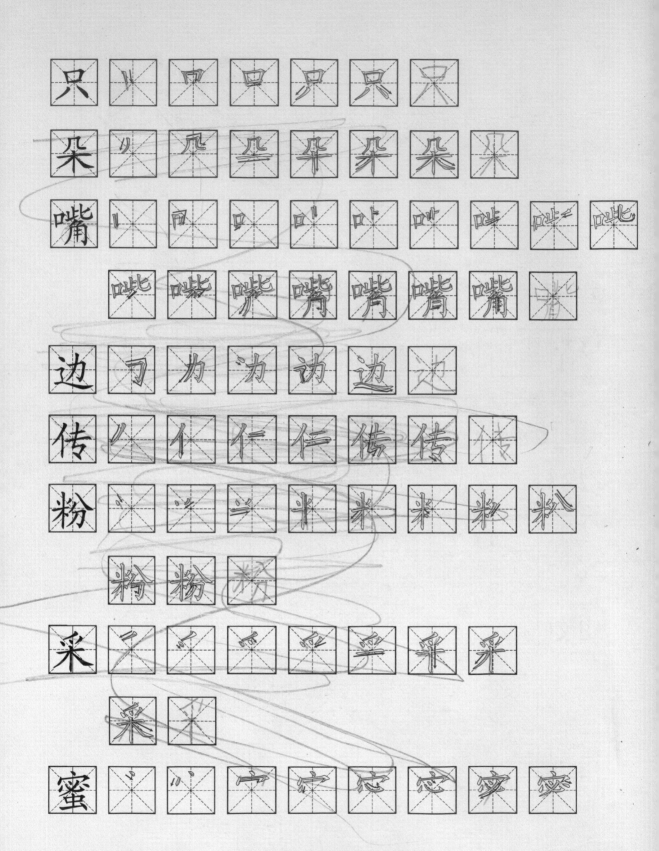

只 丿 口 口 只 只 只

朵 丿 几 几 华 朵 朵 朵

嘴 丨 口 口 吖 吓 吖 吖 吡

吡 吡 吡 嘴 嘴 嘴 嘴 嘴

边 刁 力 边 边 边

传 丿 亻 仁 仁 传 传 传

粉 丷 丷 半 半 米 米 粉 粉

粉 粉 粉

采 丿 丷 丷 采 采 采 采

采 采

蜜 丷 八 宀 宓 宓 宓 宓 宓

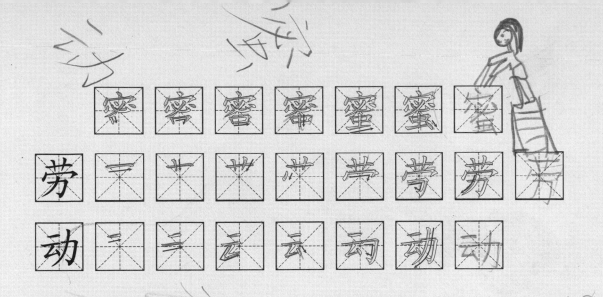

密 密 密 密 蜜 蜜 蜜

劳 一 十 艹 艹 芌 芳 劳 劳

动 二 三 云 云 云 动 动

2 dú yi dú 读一读 (Read aloud.)

猜一猜　猜想

鼻子　眼睛　一双眼睛　一只眼睛

一只小鸟　一只手　耳朵　一张嘴　嘴里　嘴边　河边

上边　下边　里边　外边　边上

边说边写　边想边说　边走边说

传花粉　传说　传真　花粉　面粉　粉笔

采蜜　花蜜　劳动　爱劳动

动作　动脑　动身　动物

3 kuò zhǎn yǔ tì huàn 扩展与替换 (Expand and substitute.)

忙
　忙做工
飞来飞去忙做工。

爱
　爱劳动
　个个爱劳动
从小个个爱劳动。

一边<u>说话</u>一边<u>听</u>。

听　　写
想　　说
看　　画

4 对话 (Dialogue)

云云：没有鼻子没眼睛，一只耳朵一张嘴，一边说话一边听。

方方：这是什么？

云云：好好想一想吧。

方方：我想到了，是电话。我也考考你，"传花粉，采花蜜，忙做工，爱劳动"，这又是什么？

云云：我知道，是可爱的小蜜蜂。
　　　　　　　　　　fēng

方方：我们今天猜了好多谜语，真好玩儿。
　　　　　　　　mí

云云：我也喜欢猜谜语。你再出一个，我来猜吧。
　　　　　　　mí

方方：好！你听着吧！

xiǎng yi xiǎng　shuō yi shuō
5 想一想，说一说 (Think and answer the following questions.)

你爱劳动吗？为什么？

yī
（一）

yǒu ge hǎo péng you
有个好朋友，
gēn nǐ bù fēn shǒu
跟你不分手。
nǐ tíng tā yě tíng
你停他也停，
nǐ zǒu tā yě zǒu
你走他也走。

èr
（二）

yǒu shí luò zài shān yāo
有时落在山腰，
yǒu slú guà zài shù shāo
有时挂在树梢。
yǒu shí xiàng ge yuán pán
有时像个圆盘，
yǒu shí xiàng bǎ wān dāo
有时像把弯刀。

shēng zì
生字 (Characters)

mí	fēn	luò	guà	shāo	dāo
谜	分	落	挂	梢	刀

cí yǔ
词语 (Words and expressions)

fēnshǒu	yǒushí	shānyāo	shùshāo
分手	有时	山腰	树梢

5

wǒ shì shéi
我是谁
Who Am I

nǐ men zhī dào wǒ shì shéi ma
你们知道我是谁吗？

tài yáng yì chū lái　　　wǒ jiù biàn chéng le　　qì　　　zài
太阳一出来，我就变成了"汽"，在

tiān shang piāo lái piāo qù　　rén men jiào wǒ　　yún　　zài tiān
天上飘来飘去，人们叫我"云"。在天

shang　　lěng fēng yì lái　　wǒ jiù biàn chéng xiǎo yǔ zhū diào xia lai
上，冷风一来，我就变成小雨珠掉下来，

rén men jiào wǒ　　yǔ　　dào le dōng tiān　　wǒ yòu biàn chéng yì
人们叫我"雨"。到了冬天，我又变成一

duǒ duǒ xiǎo huā piāo xia lai　　rén men jiào wǒ　　xuě
朵朵小花飘下来，人们叫我"雪"。

wǒ yǒu shí hou ài zài hú li shuì jiào　　　yǒu shí hou ài zài

我有时候爱在湖里睡觉，有时候爱在

hé li huān pǎo　　　yǒu shí hou ài zài dà hǎi li yòu chàng yòu tiào

河里欢跑，有时候爱在大海里又唱 又跳。

rén men yì tiān dōu shǎo bù liǎo wǒ　　　dà jiā zhī dào wǒ shì shéi ma

人们一天都少不了我。大家知道我是谁吗？

生字 (Characters)
shēng zì

zhī	biàn	chéng	qì	piāo	lěng	zhū
知	变	成	汽	飘	冷	珠

diào	hòu	shuì	jiào	pǎo	tiào
掉	候	睡	觉	跑	跳

矢 —— 知　　戈 —— 成　　风 —— 飘

词语 (Words and expressions)
cí yǔ

zhīdào　chūlai　rénmen　xiàlai　yǒushíhou　shuìjiào

知道　出来　人们　下来　有时候　睡觉

句子 (Sentence)
jù zi

nǐ men zhī dào wǒ shì shéi ma

你们知道我是谁吗？

miáo yi miáo　　xiě yi xiě
1 描一描，写一写 (Learn to write.)

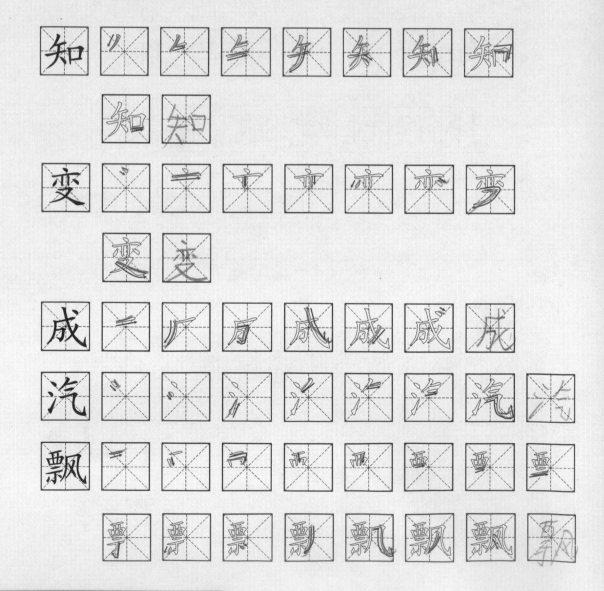

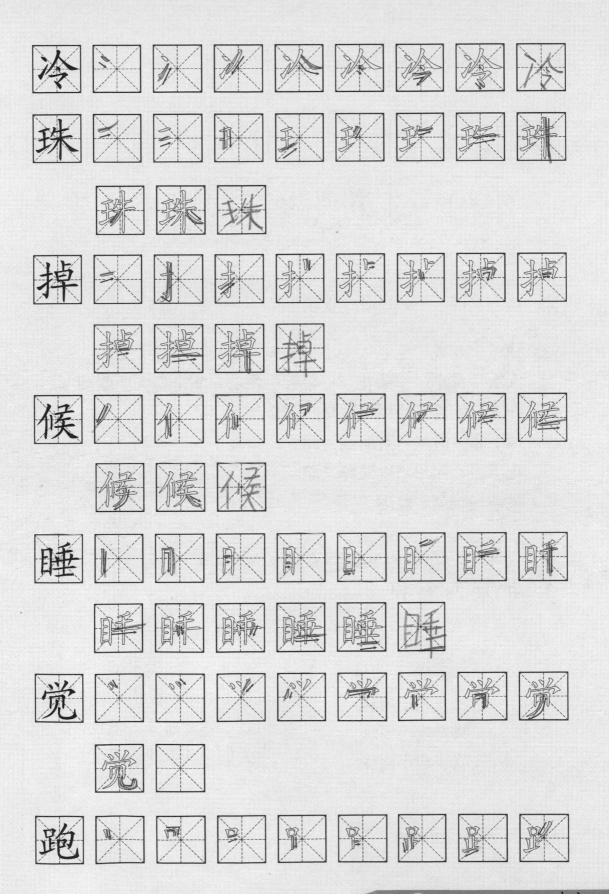

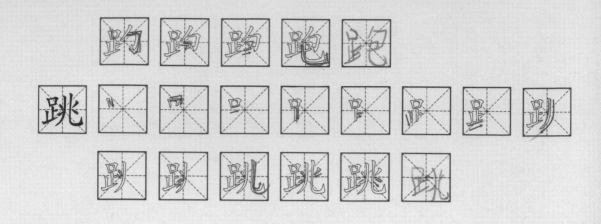

2 读一读 （Read aloud.）
dú yi dú

))) 知道　变成　变老　变小　变大　变长　变黑　变白
汽水　汽车　一朵花　一朵云　飘走　飘来飘去　飘动
冷天　太冷　冷风　水珠　雨珠
掉下来　时候　有时候　睡觉　睡着了
跑出去　跑出来　又跑又跳
跳动　跳高　跳远

3 扩展与替换 （Expand and substitute.）
kuò zhǎn yǔ tì huàn

)))

变成	少不了
变成小雨珠	少不了我
我变成小雨珠	一天都少不了我
我就变成小雨珠。	人们一天都少不了我。

你们知道我是谁吗？

他们　　　你
老师　　　他
奶奶　　　这个小朋友

duì huà
4 对 话 (Dialogue)

方方：你知道天上的云是什么变的吗？

云云：是水变的。

方方：对。那从天上掉下来的小水珠又叫什么？

云云：雨。到了冬天，它还会变成一朵朵小花飘下来呢！

方方：那不是花，那是雪。

云云：我知道，雨和雪都是水变的。

方方：我再问问你，有的在湖里，有的在河里，有的在大海
　　　里，是什么？

云云：也是水。

方方：那我们一天都少不了的呢？

云云：还是水啊！

5 想一想，说一说 (Think and answer the following questions.)

xiǎng yi xiǎng shuō yi shuō

(1) 冷风一来，水变成了什么？

chù
(2) 说一说水还有哪些用处？

阅读
yuè dú
Reading

cāi cai wǒ shì shéi
猜猜我是谁
Guess Who I Am

wǒ cháng cháng cóng nǐ shēn biān jīng guò
我常常从你身边经过，

nǐ què kàn bú dào wǒ yě mō bù zháo wǒ
你却看不到我，也摸不着我。

xiǎo cǎo jiàn wǒ wān yāo
小草见我弯腰，

huā ér jiàn wǒ diǎn tóu
花儿见我点头，

xiǎo shù jiàn wǒ zhāo shǒu
小树见我招手，

yún duǒ suí wǒ tiào wǔ
云朵随我跳舞，

xiǎo péng you qǐng nǐ cāi cai wǒ shì shéi
小朋友，请你猜猜，我是谁？

shēng zì
生字 (Characters)

腰

cháng què mō yāo zhāo
常 却 摸 腰 招

cí yǔ
词语 (Words and expressions)

chángcháng wānyāo zhāoshǒu
常常 弯腰 招手

6

xuě

雪

Snow

dōng tiān dào le　　xià qǐ le dà xuě　　mǎn dì bái bái de
冬天到了，下起了大雪，满地白白的。

xiǎo māo dǎ kāi mén　　yí kàn jiù jiào le qǐ lai　　xià táng
小猫打开门，一看就叫了起来："下糖

le　　xià táng le
了！下糖了！"

xiǎo gǒu tīng jian le　　mǎ shàng dǎ kāi mén　　shuō　　bú
小狗听见了，马上打开门，说："不

duì　　shì xià yán le　　tā men zhēng le qǐ lai　　dōu shuō zì
对，是下盐了！"他们争了起来，都说自

jǐ shì duì de
己是对的。

zhè shí　　xiǎo tù zǒu guo lai shuō　　nǐ men bié zhēng le
这时，小兔走过来说："你们别争了，

shì táng hái shì yán　　dà jiā cháng yi cháng jiù zhī dào le　　xiǎo māo
是 糖 还 是 盐 ， 大 家 尝 一 尝 就 知 道 了 。" 小 猫

hé xiǎo gǒu cháng le　yì diǎnr xuě　 shuō　 tā bù tián　 yě bù
和 小 狗 尝 了 一 点 儿 雪 ， 说 ："它 不 甜 ， 也 不

xián　 chī zài zuǐ li liáng liáng de　　 xiǎo tù gào su tā men
咸 ， 吃 在 嘴 里 凉 凉 的 。" 小 兔 告 诉 他 们 ：

zhè bú shì táng　 yě bú shì yán　 tā jiào　 xuě
"这 不 是 糖 ， 也 不 是 盐 ， 它 叫 '雪'。"

shēng zì
生 字 (Characters)

mǎn māo táng gǒu yán zhēng zì
满 猫 糖 狗 盐 争 自

jǐ tù guò cháng tián xián liáng
己 兔 过 尝 甜 咸 凉

犭——猫　皿——盐　⺈——争

自——自　舌——甜

cí yǔ
词 语 (Words and expressions)

dǎkāi　tīngjian　mǎshàng　tāmen　zìjǐ　guòlai
打开　听见　马上　他们　自己　过来

jù zi
句 子 (Sentence)

dà jiā cháng yi cháng jiù zhī dào le
大 家 尝 一 尝 就 知 道 了 。

廷

kè táng liàn xí
课堂 练习
Exercises in Class

miáo yi miáo　　xiě yi xiě
1 描一描，写一写 (Learn to write.)

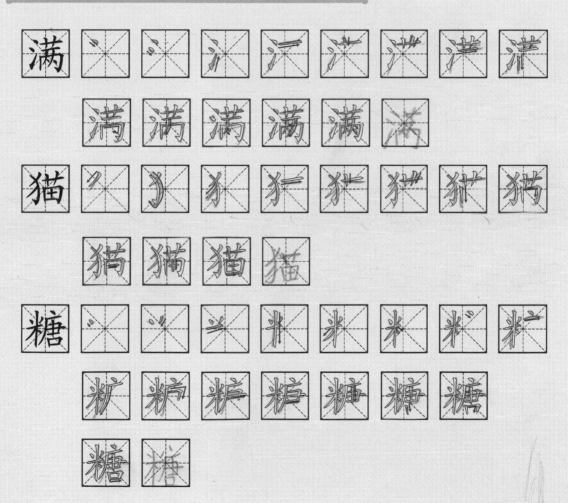

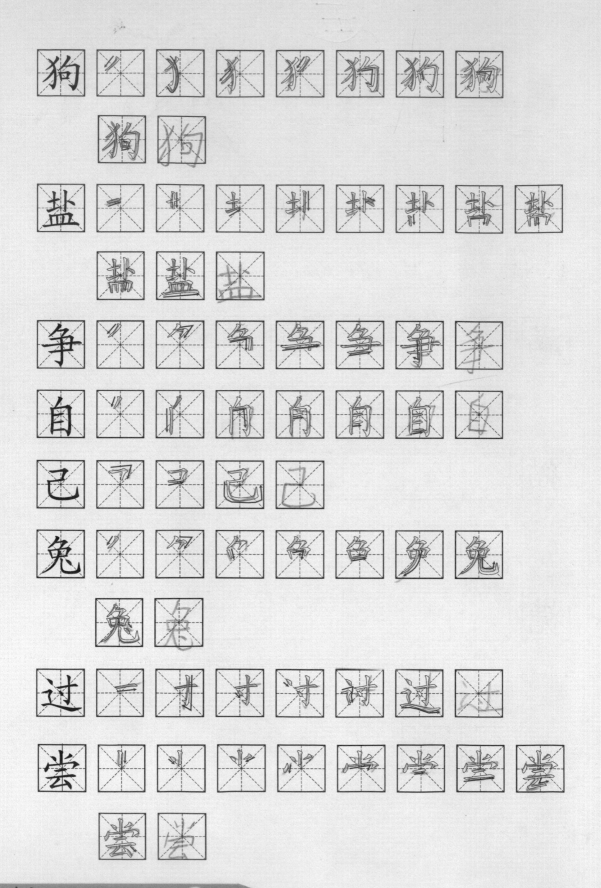

狗　丿　犭　犭　犭　狗　狗　狗
狗　狗

盐　一　卄　土　圤　圤　圤　盐
盐　盐　盐

争　丿　乍　乌　乌　乌　争　争
自　丿　亻　自　自　自　自　自
己　乛　己　己　己
兔　丿　勹　勹　勹　兔　争　兔
兔　兔

过　一　寸　寸　过　过　过
尝　丷　丷　半　半　当　尝　尝
尝　尝

2 读一读 (Read aloud.)

满地　满口　满嘴

小猫　小黑猫　小白猫　小花猫　一只猫

吃糖　糖水　放糖　白糖

小狗　小黑狗　小白狗　小花狗　一只狗

放盐　盐水　别争了　争着说　争着写　争着做

自己　兔子　一只兔子　过来　过去　走过　路过

过年　过生日

尝尝　尝一尝　很咸　凉快　凉水

3 扩展与替换 (Expand and substitute.)

kuò zhǎn yǔ tì huàn

尝
尝了一点儿
尝了一点儿雪
小猫和小狗尝了一点儿雪。

尝
尝一尝
尝一尝就知道了
大家尝一尝就知道了。

大家尝一尝就知道了。

你们	想一想
你	问一问
大家	看一看

4 对话 (Dialogue)

duì huà

亮亮：白白的，不是糖也不是盐，是什么？

明明：咸的还是甜的？

亮亮：不咸也不甜，吃在嘴里凉凉的。

明明：是天上下的雪吧？

亮亮：对了！你喜欢雪吗？

明明：喜欢！满地白白的，很好看！我们还可以堆雪人呢。
（duī）

亮亮：下雪的时候我们一起玩儿吧！

明明：好的。

5 *xiǎng yi xiǎng   shuō yi shuō* 想一想，说一说 (Think and answer the following questions.)

(1) 小猫和小狗看见了什么？

(2) 它们谁说得对？为什么？

yuè dú
阅读
Reading

bái yún wá wa
白云娃娃
Baby White Cloud

bái yún wá wa   zà tiān shang piāo ya piāo   piāo guò yí ge dì fang
白云娃娃，在天上飘呀飘，飘过一个地方，
kàn jian hěn duō rén zài zhòng shù   jiù wèn   yào bu yào xià yǔ   rén men
看见很多人在种树，就问："要不要下雨？"人们
huí dá shuō   qǐng nǐ kuài xià yǔ ba   xiǎo shù dōu yào kě sǐ la   bái
回答说："请你快下雨吧，小树都要渴死啦！"白
yún wá wa gāng xiǎng qù xià yǔ   hū rán pǎo guo lai yí ge rén   duì tā
云娃娃刚想去下雨，忽然跑过来一个人，对她
shuō   bié xià yǔ   bié xià yǔ   wǒ de yī fu hái méi gān ne   dào
说："别下雨！别下雨！我的衣服还没干呢！"到
dǐ yào bu yào xià yǔ ne   bái yún wá wa   yí xià zi bù zhī dào zěn me
底要不要下雨呢？白云娃娃 一下子不知道怎么
bàn cái hǎo
办才好。

yú shì   bái yún wá wa jiù qù wèn fēng yé ye   fēng yé ye gào su
于是，白云娃娃就去问风爷爷。风爷爷告诉
tā   nǐ yào shi xià yǔ   hěn duō xiǎo shù jiù néng dé jiù   xǔ duō rén
她："你要是下雨，很多小树就能得救，许多人
jiù néng dé dào hǎo chu   nǐ yào shi bú xià yǔ   jiù zhǐ yǒu yí ge rén dé
就能得到好处；你要是不下雨，就只有一个人得

到好处。"白云娃娃想，我应该让多数人得到好
处。于是，她变成了一片黑云，哗哗地下起雨
来。

生字 (Characters)

kě gāng hū rán xǔ shù
渴 刚 忽 然 许 数

词语 (Words and expressions)

dìfang hūrán yīfu dàodǐ yíxiàzi yīnggāi
地方 忽然 衣服 到底 一下子 应该

zōng hé liàn xí èr
综合练习 (二)
Review 2

zhào lì zi gǎi cuò bié zì
1. 照例子改错别字 (Correct the following characters after the model.)

lì
例：鼻－鼻

采－采　冷－冷　操－掉　兔－兔

bǐ yi bǐ　　zài zǔ cí yǔ
2. 比一比，再组词语 (Compare and form phrases.)

眼 眼睛　成 变成　觉 睡觉　睛 眼睛　过 过去
跟 跟　咸 咸淡　尝 尝尝　请 请客　边 一边
跟着

yòng gěi chū de jù shì zào jù
3. 用给出的句式造句 (Construct sentences with the given expressions below.)

(1) 一边…一边…

我一边写一边看

(2) 知道…吗?

我知道那个是谁?

(3) 大家…就知道了。

大家读书就知道了。

(4) 有时候…有时候…

有时侯写有时侯之类

xuǎn zé cí yǔ bǔ chōng duì huà

4. 选择词语补充对话 (Choose the right words to complete the dialogue.)

凉凉　雪花　尝一尝　变成　甜

))) 亮亮：冬冬快看！下雪了！

冬冬：＿凉凉＿白白的，真好看！

))) 亮亮：你知道雪是什么＿雪花＿的吗？

冬冬：是水，对吗？

))) 亮亮：对！雪＿变成＿吗？

冬冬：我们＿尝尝＿就知道了。

亮亮：雪不＿甜＿也不咸，吃在嘴里＿甜＿的。

凉凉凉

zhào lì zi wán chéng jù zi

5. 照例子完成句子 (Complete the sentences with the given words after the model.)

lì

例：今天下午，我看病。（医院）

今天下午我在医院看病。

(1) 春天，小朋友玩儿。（公园）

))) 春天小朋友在公园玩。

(2) 天下大雪了，小朋友看书。（房间）

天下大雪了小朋友在房间看书。

(3) 下午，我学写汉字。（学校）

下午我在学校学写汉字。

(4) 爷爷种花。（花园）

爷爷在花园种花。

(5) 我和爸爸买书。（书店）

我和爸爸在书店买书。

6. 想一想，说一说 (Think and answer the following questions.)

(1) 告诉妈妈你喜欢吃甜的还是咸的，为什么？

(2) 小兔子爱劳动，小猫爱睡觉，小狗爱跑跑跳跳，你最喜欢做什么？为什么？

7

gǔ shī èr shǒu
古诗二首
Two Ancient Poems

jìng yè sī
静夜思
Thoughts on a Silent Night

Táng Lǐ bái
[唐] 李白

chuáng qián míng yuè guāng
床 前 明 月 光 ，
yí shì dì shàng shuāng
疑 是 地 上 霜 。
jǔ tóu wàng míng yuè
举 头 望 明 月 ，
dī tóu sī gù xiāng
低 头 思 故 乡 。

dēng guàn què lóu
登 鹳 雀 楼
At Heron Lodge

Táng Wáng zhī huàn
[唐] 王 之 涣

bái rì yī shān jìn
白 日 依 山 尽 ，
huáng hé rù hǎi liú
黄 河 入 海 流 。
yù qióng qiān lǐ mù
欲 穷 千 里 目 ，
gèng shàng yì céng lóu
更 上 一 层 楼 。

shī	shǒu	jìng	chuáng	yí	jǔ	wàng
诗	首	静	床	疑	举	望

dī	xiāng	lóu	qiān	gèng	céng
低	乡	楼	千	更	层

尸 —— 层

cí yǔ
词 语 (Words and expressions)

gùxiāng
故乡

zhuān yǒu míng cí
专 有 名 词 (Proper nouns)

Lǐ Bái	Wáng Zhīhuàn	Guànquè Lóu
李白	王之涣	鹳雀楼

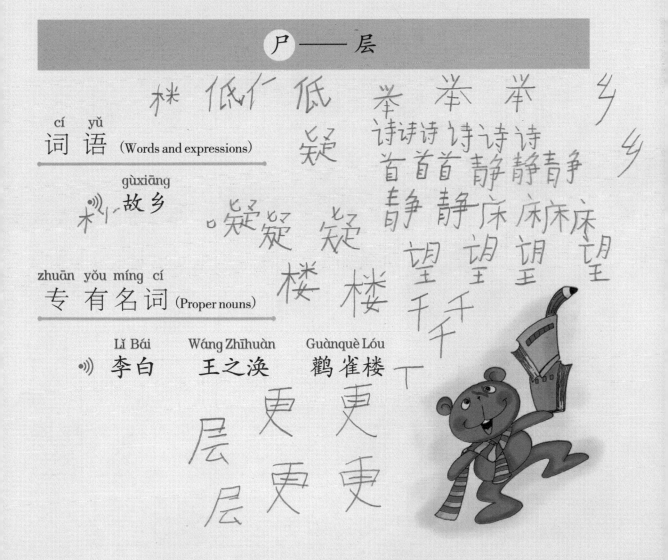

1 miáo yi miáo xiě yi xiě
描一描，写一写 (Learn to write.)

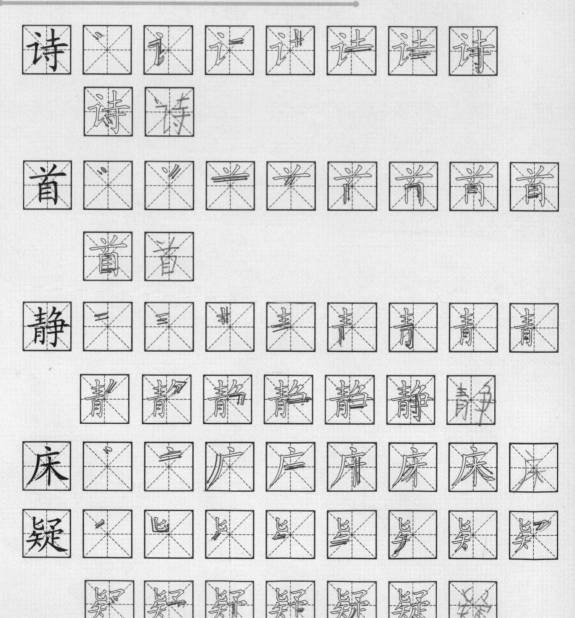

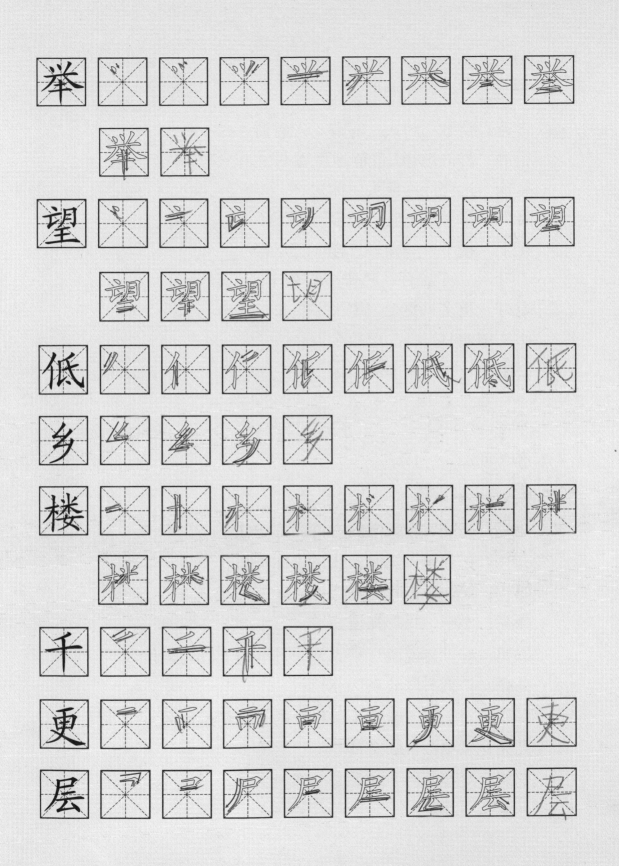

2 dú yi dú 读一读 (Read aloud.)

古诗　诗歌　诗人　写诗　三首诗

很静　静静地想　静静地坐着

起床　两张床　床头　床边

疑问　举手　低头　故乡　乡下

楼上　楼下　一楼　二楼　三层楼

一千　一千二百　三千五百六十

更好　更多　更少　更大　更小

举头望明月，低头思故乡。

yù
欲穷千里目，更上一层楼。

3 duì huà 对话 (Dialogue)

妈妈：亮亮，今天学的古诗，都记住(zhù)了吗？

亮亮：记住(zhù)了。妈妈，我讲给你听吧。

妈妈：等一下，我先考考你。

亮亮：考吧，我都知道。

妈妈：好。你说说“举头望明月”的下一句(jù)是什么？

亮亮：“低头思故乡”，对吗？

妈妈：对。那“欲(yù)穷千里目”的下一句(jù)是什么？

亮亮：“更上一层楼”。

妈妈：亮亮真行！以后学习要更认真，这样就能记住(zhù)更多的古诗。

4 xiǎng yi xiǎng shuō yi shuō
想 一 想 ， 说 一 说 (Think and answer the following questions.)

(1) 你的故乡在哪里?

zěn
(2) 要想看得更远，我们要怎么做?

yuè dú
阅读
Reading

gǔ shī èr shǒu jīn yì
古诗二首今译
Contemporary Translations of the Two Ancient Poems

jìng yè sī
静夜思
Thoughts on a Silent Night

chuáng qián sǎ mǎn yín sè de yuè guāng
床前洒满银色的月光，
hǎo xiàng shì dì shang bù mǎn bái shuāng
好像是地上布满白霜。
tái tóu wàng zhe jiǎo jié de yuè liang
抬头望着皎洁的月亮，
dī tóu sī niàn kě ài de gù xiāng
低头思念可爱的故乡。

dēng guàn què lóu

登 鹳 雀 楼

At Heron Lodge

tài yáng āi zhe xī shān màn màn xià chén
太 阳 挨 着 西 山 慢 慢 下 沉，

huáng hé xiàng zhe dà hǎi gǔn gǔn dōng liú
黄 河 向 着 大 海 滚 滚 东 流。

xiǎng kàn dào yuǎn chù gèng měi de jǐng sè
想 看 到 远 处 更 美 的 景 色，

nǐ hái bì xū zài dēng shang yì céng lóu
你 还 必 须 再 登 上 一 层 楼。

---

shēng zì
生 字 (Characters)

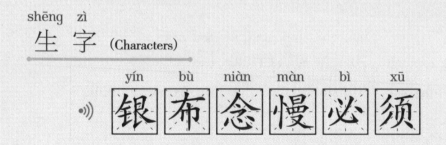

yín   bù   niàn   màn   bì   xū
银   布   念   慢   必   须

---

cí yǔ
词 语 (Words and expressions)

bùmǎn   jiǎojié   sīniàn   jǐngsè   bìxū
布满   皎洁   思念   景色   必须

8

<ruby>壶<rt>hú</rt></ruby> <ruby>盖<rt>gài</rt></ruby> <ruby>为<rt>wèi</rt></ruby> <ruby>什<rt>shén</rt></ruby> <ruby>么<rt>me</rt></ruby> <ruby>会<rt>huì</rt></ruby> <ruby>动<rt>dòng</rt></ruby>

壶盖为什么会动

Why Does the Kettle Lid Move

瓦特是两百多年前英国的科学家。他小时候，有一天看奶奶做饭。一壶水开了，壶盖不停地上下跳动。瓦特觉得很奇怪，就问："奶奶，壶盖为什么会动？"奶奶说："水开了，水蒸气冲出来，壶盖就动了。"

瓦特还是不明白。为什么水开了就会有水蒸气呢？为什么水蒸气能让壶盖动起来呢？他常常坐在炉边，一边看一边想。

长大后，他做了很多试验。后来，他发明了蒸汽机，成了一位有名的科学家。

hú	gài	yīng	kē	qí	guài	qì
壶	盖	英	科	奇	怪	气

chōng	ràng	cháng	shì	yàn	jī	wèi
冲	让	常	试	验	机	位

丶 —— 冲   马 —— 验

cí yǔ
词语 (Words and expressions)

kēxuéjiā	shíhou	qíguài	háishì	chángcháng
科学家	时候	奇怪	还是	常常

shìyàn	hòulái	fāmíng	yǒumíng
试验	后来	发明	有名

zhuān yǒu míng cí
专有名词 (Proper nouns)

Wǎtè	Yīngguó
瓦特	英国
James Watt	England

jù zi
句子 (Sentence)

shuǐ zhēng qì néng ràng hú gài dòng qi lai
水 蒸 气 能 让 壶 盖 动 起来。

 1 miáo yi miáo　xiě yi xiě
描一描，写一写 (Learn to write.)

壶 一 十 土 寺 寺 壸 壸

壸 壺 壺

盖   羊 羊 羊 美

羔   盖

英 一 芍 节 英 英

英 英

科   利 利 利

科

和

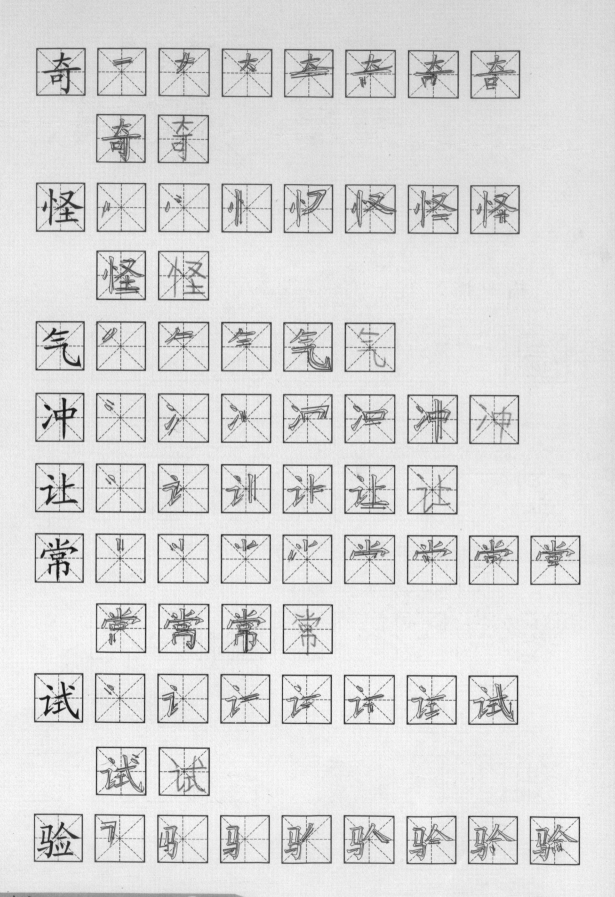

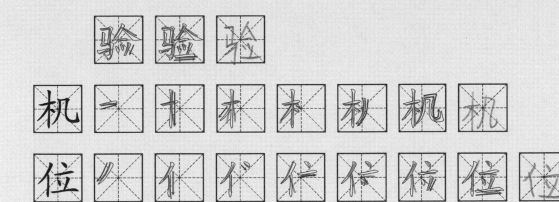

2 读一读 (Read aloud.)

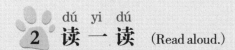

水壶　一壶水　壶盖 ^{hú gài}

英国　英国人　英语　科学　科学家

奇怪　生气　冲出来 ^{chōng}　冲上去　冲下来　让开　让一让

常常　常用　试验 ^{shì}　试一试

机器 ^{jī qì}　手机　飞机　洗衣机　电视机

一位老师　一位科学家

3 扩展与替换 (Expand and substitute.)

奇怪

很奇怪

觉得很奇怪

瓦特觉得很奇怪。 ^{wǎ tè}

科学家

有名的科学家

成为有名的科学家

他成为有名的科学家。

水蒸气能让壶盖动起来。

我	写很多汉字了
哥哥	开车出去玩儿了
方方	自己收拾房间了

duì huà
4 对话 (Dialogue)

云云：你知道瓦特的故事吗？

方方：当然知道！他是英国科学家，他发明了蒸汽机。

云云：对啊，他看到壶盖不停地上下跳动，就想到了很多。
我也想 像 他那样，发明很多东西。

方方：你长大以后想做什么？

云云：我要做个科学家，你呢？

方方：我想做一个医生，给很多人看病。

xiǎng yi xiǎng shuō yi shuō
5 想一想，说一说 (Think and answer the following questions.)

wǎ tè
(1) 小瓦特觉得什么事情很奇怪？

(2) 你长大以后想做什么工作？为什么？

Lǔ bān yǔ jù zi
鲁班与锯子
Lu Ban and the Saw

jù zi shì zhōng guó rén fā míng de
锯子是中国人发明的。

zài liǎng qiān sì bǎi duō nián qián　　rén men yòng fǔ tou kǎn shù xiū jiàn
在两千四百多年前，人们用斧头砍树修建

fáng zi　　kě dà shù yòu cū yòu gāo　　yòng fǔ tou kǎn yòu lèi yòu màn
房子，可大树又粗又高，用斧头砍又累又慢。

yì tiān　yǒu ge jiào Lǔ bān de rén　shàng shān qù kǎn shù　shān lù hěn
一天，有个叫鲁班的人，上山去砍树。山路很

nán zǒu　Lǔ bān jiù yòng shǒu zhuā zhù shān shang de xiǎo shù　yě cǎo wǎng shàng
难走，鲁班就用手抓住山上的小树、野草往上

pá　hū rán　tā gǎn dào shǒu xīn yí zhèn téng tòng zhāng kāi shǒu yí kàn
爬。忽然，他感到手心一阵疼痛，张开手一看，

shǒu zhǎng yǐ jīng bèi xiǎo cǎo gē kāi le yí ge dà kǒu zi　xiān xuè zhí
手掌已经被小草割开了一个大口子，鲜血直

liú　Lǔ bān jué de hěn qí guài　yì ke xiǎo cǎo zěn me néng gē pò rén
流。鲁班觉得很奇怪，一棵小草怎么能割破人

de shǒu ne　　tā zǐ xì yí kàn　yuán lái zhè zhǒng xiǎo cǎo de yè zi liǎng
的手呢？他仔细一看，原来这 种小草的叶子两

biān zhǎng zhe fēng lì de xì chǐ　shǒu yì zhuā jiù bèi gē pò le　　Lǔ bān
边 长着锋利的细齿，手一抓就被割破了。鲁班

biān kàn biān xiǎng　　rú guǒ yǒu xiàng zhè zhǒng　yè zi yí yàng fēng lì de gōng
边看边想，如果有像这种 叶子一样锋利的工

jù　　bú shì hěn kuài jiù néng bǎ　dà shù kǎn dǎo ma　　hòu lái tā zuò le hěn
具，不是很快就能把大树砍倒吗？后来他做了很

duō shì yàn　zhōng yú fā míng le　jù zi
多试验，终于发明了锯子。

shēng zì
生字 (Characters)

lèi　　téng　　tòng　　zhí　　lì　　yàng
累 疼 痛 直 利 样

cí yǔ
词语 (Words and expressions)

téngtòng　　zǐxì　　yuánlái　　gōngjù　　zhōngyú
疼痛 仔细 原来 工具 终于

9 蔡伦造纸
Cài lún zào zhǐ
Cai Lun Invented the Paper

gǔ dài méi yǒu zhǐ， rén men cháng cháng bǎ zì xiě zài zhú
古代没有纸，人们 常 常 把字写在竹
piàn shang hěn bù fāng biàn
片上，很不方便。

gōng yuán yī líng wǔ nián zhōng guó yǒu ge jiào Cài lún de rén
公元一〇五年，中国有个叫蔡伦的人，
jué xīn zào chū yì zhǒng yòu hǎo yòu fāng biàn de dōng xi gěi rén men
决心造出一种又好又方便的东西，给人们
xiě zì tā zuò le hěn duō shì yàn bǎ shù pí cǎo hé pò
写字。他做了很多试验，把树皮、草和破
bù pào zài shuǐ li dǎ chéng zhǐ jiāng zài bǎ zhǐ jiāng pū zài zhú
布泡在水里，打成纸浆，再把纸浆铺在竹

lián shang zhǐ jiāng gān le yǐ hòu ná xia lai jiù chéng le zhǐ
帘上。 纸浆干了以后， 拿下来就成了纸。

zhǐ shì Cài lún fā míng de zào zhǐ shù shì zhōng guó gǔ dài
纸是蔡伦发明的。 造纸术是中国古代

sì dà fā míng zhī yī
四大发明之一。

shēng zì
生 字 (Characters)

| zào | zhǐ | dài | bǎ | zhú | piàn | biàn | yuán |
| 造 | 纸 | 代 | 把 | 竹 | 片 | 便 | 元 |

| jué | pí | pò | bù | dǎ | gān | zhī |
| 决 | 皮 | 破 | 布 | 打 | 干 | 之 |

竹 —— 竹   皮 —— 皮   石 —— 破

cí yǔ
词 语 (Words and expressions)

gǔdài fāngbiàn gōngyuán juéxīn
古代 方便 公元 决心

zhuān yǒu míng cí
专 有 名 词 (Proper noun)

Cài Lún
蔡伦

jù zi
句 子 (Sentence)

zhǐ shì Cài lún fā míng de
纸是蔡伦发明的。

 1 miáo yi miáo　xiě yi xiě
描一描，写一写 (Learn to write.)

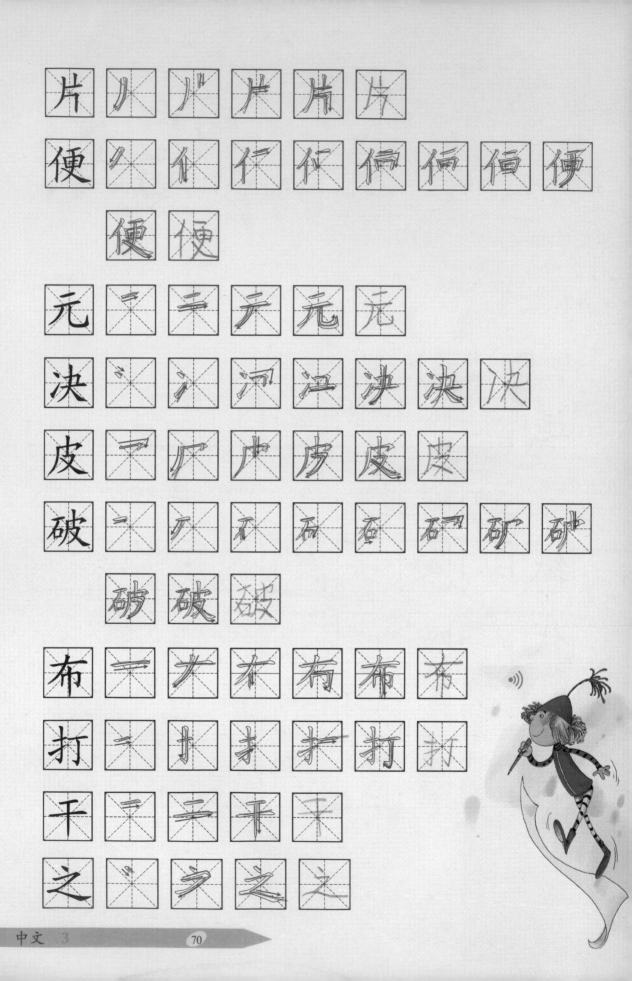

片	丿	丿	片	片	片
便	亻	亻	仁	仁	佢	佢	佢	便
便	便
元	一	二	元	元	元
决	冫	冫	冹	决	决	决
皮	乛	厂	广	皮	皮	皮
破	一	厂	石	石	石	矿	矿	矿
破	破	破
布	一	大	右	右	布	布
打	一	扌	扌	扌	打	打
干	一	二	干	干
之	丶	乞	之	之

2 读一读 (Read aloud.)

造纸　白纸　一张纸
现代　古代　竹子　竹片　方便　公元
决定　决心
树皮　皮包　破布　白布　花布
打破　打开　打电话　干果
之一　之中

kuò zhǎn yǔ tì huàn

3 扩展与替换 (Expand and substitute.)

是…的
是今天来的
他是今天来的。

是…的
是在那个书店买的
这本书是在那个书店买的。

Cài lún
纸是蔡伦发明的。

信　　爸爸　写
花　　爷爷　种
水果　妈妈　买

))) 爸爸：亮亮，你知道古代的人把字写在哪儿吗？

亮亮：是写在纸上吗？

爸爸：不是。那时还没有纸呢。

亮亮：那写在哪儿呢？

爸爸：人们把字写在竹片上。

))) 亮亮：写在竹片上？那样的书不是很 重 吗？什么时候有纸的呢？
^{zhòng}

爸爸：公元一〇五年，有个叫蔡伦的中国人发明了纸。
^{Cài lún}

))) 亮亮：原来纸是中国人发明的啊。
^a

爸爸：是啊，造纸术是中国古代四大发明之一。
^a

))) 你还知道哪些发明？它们是谁发明的？

gǔ dài de zhǐ
古代的纸
Ancient Paper

wǒ shì yì zhāng gǔ dài de zhǐ　　wǒ bú dàn kě yǐ yòng lái xiě
我是一张古代的纸，我不但可以用来写
zì　 huà huàr　　　 wǒ hái cháng cháng bèi rén men yòng lái zuò yī fu hé
字、画画儿，我还常常被人们用来做衣服和
xié　 zài gǔ shí hou　 wǒ zhǎng de yòu hòu yòu jiē shi　　yòng wǒ zuò de
鞋。在古时候，我长得又厚又结实，用我做的
yī fu hé xié dou hěn nài chuān　　dōng tiān de shí hou　　rén men hái bǎ wǒ
衣服和鞋都很耐穿。冬天的时候，人们还把我
zuò chéng lián zi lái fáng hán　　dào le xià tiān　　rén men yòu bǎ wǒ zuò chéng
做成帘子来防寒；到了夏天，人们又把我做成
wén zhàng lái fáng wén zi
蚊帐来防蚊子。
　　　 nǐ men shuo　　wǒ de běn lǐng dà bu dà
你们说，我的本领大不大？

shēng zì
生字 (Characters)

xié	hòu	shí	nài	lián	hán
鞋	厚	实	耐	帘	寒

cí yǔ
词语 (Words and expressions)

kěyǐ	jiēshi	nàichuān	wénzhàng
可以	结实	耐穿	蚊帐

综合练习（三）

Review 3

zhào lì zi lián yi lián　zǔ cí yǔ

1. 照例子连一连，组词语 (Link and form phrases after the model.)

故　奇　试　发　古　方　公　决

怪　验　乡　心　便　代　明　元

奇怪　试验　故乡　决心　方便　古代　发明　公元

bǐ yi bǐ　zài zǔ cí yǔ

2. 比一比，再组词语 (Compare and form phrases.)

低 很低　诗 古诗　英 英国　快 快的　更 更加

纸 白纸　试 试验　草 绿草　决 决心　便 方便

xuǎn zì tián kòng

3. 选字填空 (Choose the right words to fill the blanks.)

灯　忙　楼　床　英　纸

(1) 书店里有很多 纸 和笔。

(2) 我的爸爸每天工作很 忙。

(3) 方方的家在五 楼，云云的家在三 楼。

wǎ tè

(4) 科学家瓦特是 英 国人。

(5) 哥哥每天六点起 床。

(6) 老师告诉我们："红灯停，绿灯行。"

xuǎn cí yǔ tián kòng
4. 选词语填空 (Choose the right words to fill in the blanks.)

绿色　好吃　有名　古老　宽宽

好吃的面包　有名的科学家　绿色的小草

古老的故事　宽宽的街道

zhào lì zi gǎi bìng jù
5. 照例子改病句 (Correct the following sentences after the model.)

lì
例：我起床六点。

我六点起床。

(1) 爷爷是飞机来坐的。

爷爷是坐飞机来的。

(2) 红红不明白还是。

红红还是不明白。

zhào lì zi wán chéng jù zi
6. 照例子完成句子 (Complete the sentences with the given expressions after the model.)

lì
例：明明跑过去。 (飞快地)

明明飞快地跑过去。

(1) 小朋友唱歌。 (高兴地)

小朋友高兴地唱歌。

(2) 我走出了书店。 (高高兴兴地)

我高高兴兴地走出了书店。

(3) 云云写汉字。 (认真地)

云云认真地写汉字

10

龟兔赛跑
A Race between the Hare and the Tortoise

兔子和乌龟要赛跑了。小鸟一叫：
"一二三！"兔子就飞快地跑了出去。乌龟
一步一步地向前爬。兔子跑了一会儿，回
头看不见乌龟，他很得意，就想："乌龟爬
得真慢，我睡一觉，等他追上来我再跑，

wǒ réng rán kě yǐ dé dì yī
我仍然可以得第一。"这样一想，兔子就
shuì qǐ jiào lai le
睡起觉来了。

wū guī zài hòu mian bù tíng de xiàng qián pá cóng tù zi shēn
乌龟在后面不停地向前爬，从兔子身
biān pá le guo qu yì zhí pá dào le zhōng diǎn dé le dì yī
边爬了过去，一直爬到了终点，得了第一
míng kě tù zi hái zài nàr shuì dà jiào ne
名，可兔子还在那儿睡大觉呢！

shēng zì
生字 (Characters)

guī	sài	wū	bù	pá	huí	dé
龟	赛	乌	步	爬	回	得

yì	màn	zhuī	réng	rán	dì
意	慢	追	仍	然	第

贝——赛 爪——爬

cí yǔ
词 语 (Words and expressions)

chūqu	réngrán	kěyǐ	zhèyàng	shēnbiān	guòqu
出去	仍然	可以	这样	身边	过去

jù zi
句 子 (Sentence)

tù zi fēi kuài de pǎo le chu qu
兔子飞快地跑了出去。

miáo yi miáo　　xiě yi xiě
1 描一描，写一写 (Learn to write.)

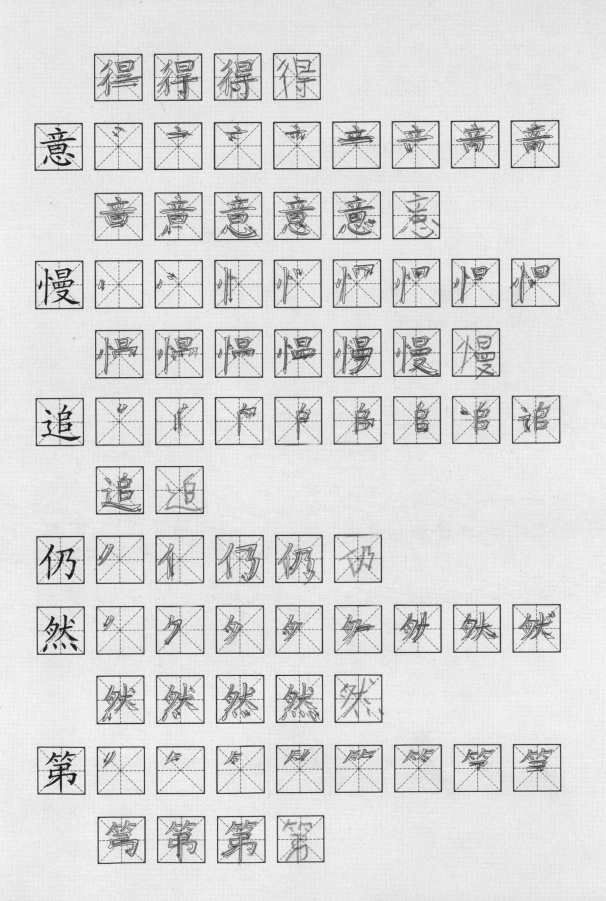

乌龟 乌云 比赛 bǐ 赛跑

跑步 一步一步地走 爬山 爬树

回头 回来 回去 回家 回国

很慢 爬得很慢 走得很慢 跑得很慢

得意 得到 意思 意见 追上

仍然 然后

第一名 第十课

kuò zhǎn yǔ tì huàn
3 扩展与替换 (Expand and substitute.)

不停地
不停地向前爬
乌龟不停地向前爬。

大声地
大声地读课文
亮亮大声地读课文。

兔子飞快地跑了出去。

他	高兴	唱着歌
爸爸	很快	上了车
我	慢慢	写汉字

4 对话 (Dialogue)

duì huà

明明：云云，乌龟和兔子赛跑，乌龟为什么得了第一名呢？

云云：它一步一步不停地向前爬，就得了第一名。

明明：兔子呢？

云云：它只跑了一会儿就睡着了。乌龟从它身边爬过去，它
　　　也不知道。

zháo

明明：云云，你喜欢兔子还是乌龟？

云云：当然喜欢乌龟啦。

dāng

明明：我也是。不过，我想要是兔子不睡觉，它一定能得第
　　　一名。

云云：我想，它下次比赛一定不会睡觉。

cì bǐ

5 想一想，说一说 (Think and answer the following questions.)

xiǎng yi xiǎng　shuō yi shuō

(1) 兔子为什么没有得第一名？

(2) 这个故事告诉了我们什么？

guī tù dì èr cì sài pǎo
龟兔第二次赛跑
The Second Round Race between the Hare and the Tortoise

tù zi hé wū guī yòu yào sài pǎo le   xǔ duō xiǎo dòng wù dōu lái
兔子和乌龟又要赛跑了，许多小动物都来
kàn tā men bǐ sài   tù zi xiǎng   shàng cì wǒ shuì zháo le   ràng wū guī
看他们比赛。兔子想："上次我睡着了，让乌龟
dé le dì yī míng   zhè cì wǒ yí dìng yào yíng   bǐ sài kāi shǐ le
得了第一名，这次我一定要赢。"比赛开始了，
xiǎo niǎo yí jiào   yī èr sān   pǎo   tù zi jiù fēi kuài de pǎo le
小鸟一叫："一二三，跑！"兔子就飞快地跑了
qǐ lái   tā kàn jian lù biān de yě huā   bú qù cǎi   bié de xiǎo dòng
起来。他看见路边的野花，不去采；别的小动

wù jiào tā yì qǐ wánr   tā yě bù tíng xia lai   zhǐ shì yí ge jìnr
物叫他一起玩儿，他也不停下来，只是一个劲儿

de xiàng qián pǎo   bù yí huìr   tù zi jiù pǎo dào le zhōng diǎn   dé
地向前跑。不一会儿，兔子就跑到了终点，得

le dì yī míng   xiǎo wū guī ne   hái shì hé shàng cì yí yàng   yí bù
了第一名。小乌龟呢，还是和上次一样，一步

yí bù de xiàng qián pá   yì diǎnr yě bù huī xīn   zuì hòu yě dào le
一步地向前爬，一点儿也不灰心，最后也到了

zhōng diǎn   dà jiā dōu gāo xìng de shuō   tù zi pǎo de kuài   yīng gāi dé
终点。大家都高兴地说："兔子跑得快，应该得

dì yī   xiǎo wū guī jiān chí pá dào le zhōng diǎn   yě yīng gāi jiǎng lì
第一；小乌龟坚持爬到了终点，也应该奖励。"

shēng zì
生 字 (Characters)

bǐ   shǐ   huī   jiān   chí   jiǎng

比 始 灰 坚 持 奖

cí yǔ
词 语 (Words and expressions)

bǐsài   kāishǐ   huīxīn   jiānchí   jiǎnglì
比赛 开始 灰心 坚持 奖励

11

xiǎo māo diào yú

小 猫 钓 鱼

The Kitten Goes Fishing

māo mā ma dài zhe xiǎo māo zài hé bian diào yú　　yí huìr
猫 妈 妈 带 着 小 猫 在 河 边 钓 鱼 。 一 会 儿 ，

yì zhī qīng tíng fēi guo lai　　xiǎo māo jiù qù zhuō qīng tíng　　yí huìr
一 只 蜻 蜓 飞 过 来 ， 小 猫 就 去 捉 蜻 蜓 。 一 会 儿 ，

yì zhī hú dié fēi guo lai　　xiǎo māo yòu qù zhuō hú dié　　jié guǒ
一 只 蝴 蝶 飞 过 来 ， 小 猫 又 去 捉 蝴 蝶 ， 结 果

shén me dōu méi yǒu zhuō dào　　yě méi yǒu diào dào yú　　zhè shí
什 么 都 没 有 捉 到 ， 也 没 有 钓 到 鱼 。 这 时 ，

māo mā ma yǐ jīng diào dào hǎo jǐ tiáo dà yú le　　xiǎo māo shēng qì
猫 妈 妈 已 经 钓 到 好 几 条 大 鱼 了 。 小 猫 生 气

de shuō　　wǒ zěn me diào bú dào yú ne　　mā ma shuō　　nǐ
地 说 ：" 我 怎 么 钓 不 到 鱼 呢 ？" 妈 妈 说 ：" 你

yí huìr zhuō qīng tíng　　yí huìr zhuō hú dié　　sān xīn èr
一会儿捉蜻蜓，一会儿捉蝴蝶，三心二

yì　　　zěn me néng diào dào yú ne
意，怎么能钓到鱼呢？"

xiǎo māo tīng le　mā ma de huà　　jiù zhuān xīn de diào yú
小猫听了妈妈的话，就专心地钓鱼

le　　bù yí huìr　　xiǎo māo yě diào dào le yì tiáo dà yú
了。不一会儿，小猫也钓到了一条大鱼，

tā hé mā ma dōu xiào le
她和妈妈都笑了。

生字 (Characters)
shēng zì

diào zhuō jié yǐ jīng jǐ zěn
钓 捉 结 已 经 几 怎

néng zhuān xiào
能 专 笑

厶——能

词语 (Words and expressions)
cí yǔ

yíhuìr　jiéguǒ　yǐjīng　shēngqì　zěnme
一会儿　结果　已经　生气　怎么

sānxīn'èryì　zhuānxīn
三心二意　专心

句子 (Sentence)
jù zi

wǒ zěn me diào bú dào yú ne
我怎么钓不到鱼呢？

miáo yi miáo　　xiě yi xiě

1 描一描，写一写 (Learn to write.)

钓

捉

结

已

经

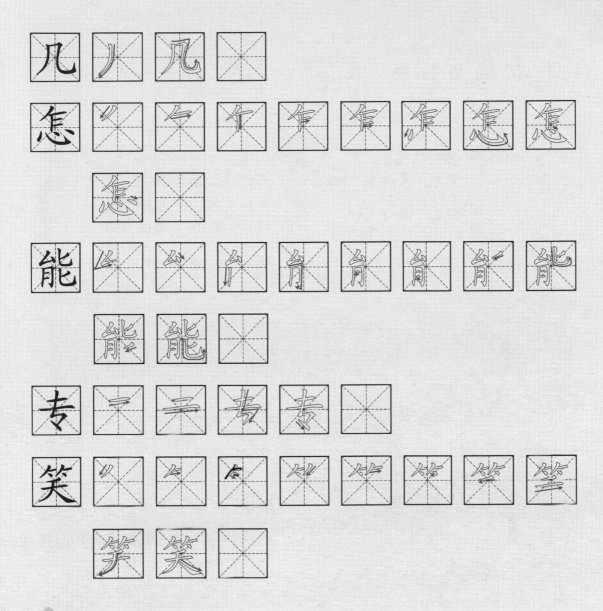

2 读一读 (Read aloud.)

dú yi dú

钓鱼　捉鱼　捉小虫

结果　已经　经过

几个　几年　几条　几只　十几本

怎么　怎么样　怎么写　怎么说

能干　能不能

专心　专门

大笑　笑一笑　笑话　开玩笑

怎么
怎么钓不到
怎么钓不到鱼
我怎么钓不到鱼呢?

怎么
怎么来晚了
今天怎么来晚了
你今天怎么来晚了?

我怎么<u>钓不到鱼</u>呢?

他	还没来
你	不回去
我	没看见

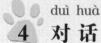

dùi huà

4 对 话 （Dialogue）

亮亮：明明，小猫为什么一条鱼也没有钓到?

明明：它三心二意，当然钓不到了。
    dāng

亮亮：后来它钓到鱼了吗?

明明：它后来一心一意地钓鱼，不一会儿，就钓到了一条大鱼。

亮亮：我知道了。三心二意是不好的。

明明：对，上课的时候我们也要认真听。

亮亮：帮妈妈做家务活儿也要一心一意。

明明：只有认真才能把事做得又快又好。

5 想一想，说一说

xiǎng yi xiǎng   shuō yi shuō

想一想，说一说 (Think and answer the following questions.)

（1）小猫没钓到鱼时，猫妈妈是怎么说的？

（2）小猫后来为什么也钓到了一条大鱼？

yuè dú
阅读
Reading

xiǎo bái māo hé xiǎo hēi māo
小白猫和小黑猫
White kitten and Black Kitten

xīng qī tiān   xiǎo bái māo hé xiǎo hēi māo qù diào yú
星期天，小白猫和小黑猫去钓鱼。

xiǎo bái māo lái dào lù kǒu   kàn jian shān yáng yé ye   jiù wèn
小白猫来到路口，看见山羊爷爷，就问：

shān yáng yé ye   nín hǎo   qǐng wèn   qù diào yú de dì fang zěn me
"山羊爷爷，您好！请问，去钓鱼的地方怎么

zǒu   shān yáng yé ye shuō   zǒu dōng bian zhè tiáo lù   xiǎo bái māo
走？"山羊爷爷说："走东边这条路。"小白猫

shuō le shēng xiè xie   jiù qù diào yú le
说了声"谢谢"就去钓鱼了。

xiǎo hēi māo lái dào lù kǒu   dà shēng wèn   lǎo shān yáng   diào yú
小黑猫来到路口，大声问："老山羊！钓鱼

de dì fang zěn me zǒu   shān yáng yé ye shēng qì de shuō   hái zi
的地方怎么走？"山羊爷爷生气地说："孩子，

shuō huà yào yǒu lǐ mào   xiǎo hēi māo tīng le   hěn bù gāo xìng   jiù
说话要有礼貌！"小黑猫听了，很不高兴，就

wǎng xī bian de nà tiáo lù zǒu le
往西边的那条路走了。

zuì hòu xiǎo bái māo diào dào le hěn duō yú kě shì xiǎo hēi
最后，小白猫钓到了很多鱼，可是，小黑

māo lián diào yú de dì fang dōu méi yǒu zhǎo dào
猫连钓鱼的地方都没有找到。

shēng zì
生字 (Characters)

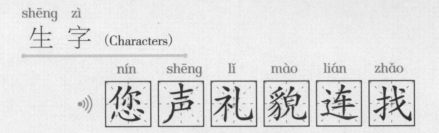

nín	shēng	lǐ	mào	lián	zhǎo
您	声	礼	貌	连	找

cí yǔ
词语 (Words and expressions)

diàoyú	lǐmào	zuìhòu
钓鱼	礼貌	最后

12

láng lái le
狼来了
Wolves Are Coming

cóng qián　　　　yǒu ge hái zi zài shān shang fàng yáng　　　tā kàn
从前，有个孩子在山上放羊。他看
dào hěn duō rén zài shān xià gàn huór　　xiǎng zhuō nòng yí xià bié
到很多人在山下干活儿，想捉弄一下别
ren　　jiù gù yì dà shēng hǎn jiào　　láng lái le　　láng lái
人，就故意大声喊叫："狼来了！狼来
le　　shān xià de rén tīng dào hǎn jiào shēng　　lì kè pǎo shang shān
了！"山下的人听到喊叫声，立刻跑上山
lai　　kě shì　　shān shang gēn běn méi yǒu láng　　shì fàng yáng de
来。可是，山上根本没有狼，是放羊的
hái zi zài sā huǎng　　rén men bèi tā qī piàn le
孩子在撒谎，人们被他欺骗了。

guò le jǐ tiān　　　　rén men yòu tīng jian zhè ge hái zi zài shān
过了几天，人们又听见这个孩子在山
shang hǎn　　láng lái le　　láng lái le　　dà jiā yòu pǎo dào shān
上喊："狼来了！狼来了！"大家又跑到山

shàng qù　jié guǒ hái shì méi yǒu láng　rén men yòu bèi sā huǎng de hái
上去，结果还是没有狼，人们又被撒谎的孩
zi qī piàn le
子欺骗了。

yòu guò le jǐ tiān　láng zhēn de lái le　zhè ge hái zi
又过了几天，狼真的来了。这个孩子
yòu hǎn　láng lái le　láng lái le　láng zhēn de lái le　shān
又喊："狼来了！狼来了！狼真的来了！"山
xià de rén men tīng jian hǎn shēng　zài yě méi yǒu rén lǐ tā le
下的人们听见喊声，再也没有人理他了。
jié guǒ　tā de xǔ duō yáng dōu bèi láng chī le
结果，他的许多羊都被狼吃了。

shēng zì
生字 (Characters)

láng	gàn	nòng	shēng	hǎn	kè	gēn
狼	干	弄	声	喊	刻	根

sā	huǎng	bèi	qī	piàn	lǐ
撒	谎	被	欺	骗	理

廾 —— 弄　衤 —— 被

cí yǔ
词语 (Words and expressions)

cóngqián	gànhuór	biéren	gùyì	lìkè
从前	干活儿	别人	故意	立刻

gēnběn	qīpiàn
根本	欺骗

jù zi
句子 (Sentence)

rén men yòu bèi tā qī piàn le
人们又被他欺骗了。

1 miáo yi miáo　xiě yi xiě
描一描，写一写 (Learn to write.)

狼

千

弄

声

喊

刻

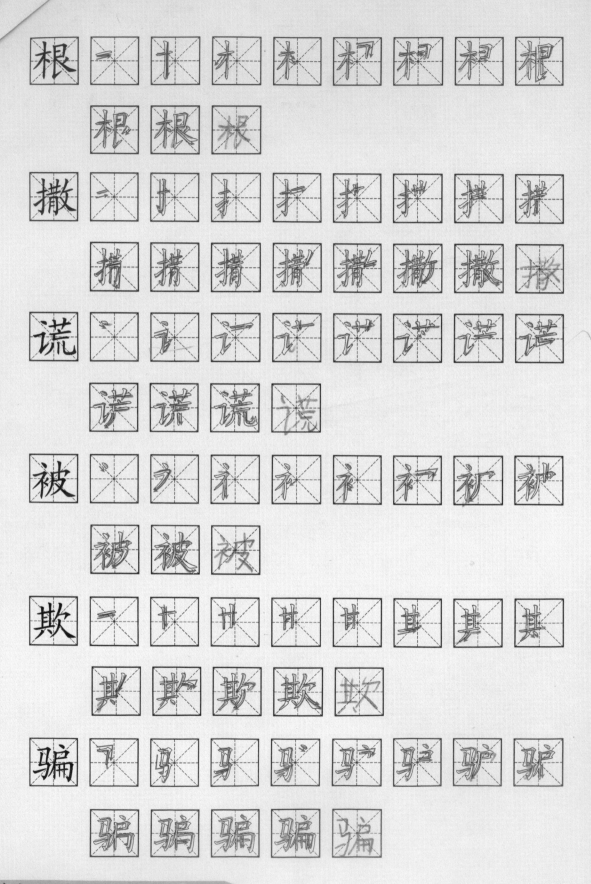

根 一 十 才 木 杆 相 柏 根
根 根 根

撒 二 十 才 扩 扩 护 拱 抽
捕 撒 撒 撒 撒 撒 撒 撒

谎 讠 讠 计 诈 诈 谎 谎
谎 谎 谎 谎

被 衤 冫 衤 衤 衤 衤 衤 袖
被 被 被

欺 一 十 廿 廿 甘 其 其 其
其 欺 欺 欺 欺

骗 马 马 马 驴 驴 骗 骗
骗 骗 骗 骗 骗

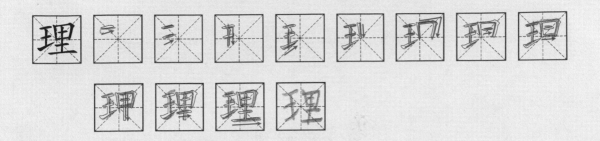

2 读一读 （Read aloud.）

干活儿　捉弄

大声　小声　笑声　风声　雨声　歌声

叫喊　大声喊　喊起来

立刻　时时刻刻　一刻　三点一刻

根本　树根　草根　撒谎　谎话

欺骗　骗人

道理　说理　讲理　理想

kuò zhǎn yǔ tì huàn

3 扩展与替换 （Expand and substitute.）

被

被欺骗

被放羊的孩子欺骗了

人们被放羊的孩子欺骗了。

被

被吃掉了

被小猫吃掉了

小鱼被小猫吃掉了。

<u>人们</u>被<u>他</u>欺骗了。

小羊　　狼　　吃掉
小鱼　　小猫　钓起来
我的书　亮亮　带回家

duì huà
4 对话 (Dialogue)

云云：方方，那个小孩喊"狼来了"，山下的人听见了吗？

方方：他的声^{yīn}音那么大，别人当^{dāng}然听见了。

云云：那人们为什么不理他？

方方：因为他在撒谎。

云云：真的吗？

方方：真的，山上根本没有狼。

云云：那个小孩不是在骗山下的人吗？

方方：是啊^a！他是个爱撒谎的孩子。

云云：最后怎么样了？

方方：后来狼真的来了，他的许多羊都被狼吃了。

云云：啊^ǎ？他不骗人多好啊^a！

5 想一想，说一说 (Think and answer the following questions.)

•)) （1）山上真的有狼吗？人们为什么跑上山去？

（2）后来为什么再也没有人理那个放羊的孩子了？

chéng shí de hái zi

诚实的孩子
An Honest Child

cóng qián　　yǒu yí ge nián lǎo de guó wáng　　tā gěi chéng li de měi

•)) 从前，有一个年老的国王，他给城里的每

yí ge hái zi dōu fā le yí lì huā zhǒng　　tā duì hái zi men shuō

一个孩子都发了一粒花种。他对孩子们说：

nǐ men dāng zhōng　shéi zhòng de huā zuì měi　wǒ jiù ràng shéi dāng guó

"你们当中，谁种的花最美，我就让谁当国

wáng

王。"

yǒu ge hái zi bǎ zhǒng zi zhòng zài huā pén li　　tiān tiān jiāo shuǐ

•)) 有个孩子把种子种在花盆里，天天浇水，

dàn huā pén li shén me yě méi yǒu zhǎng chu lai　　dào le sòng huā de rì

但花盆里什么也没有长出来。到了送花的日

zi　bié de hái zi dōu sòng qù le měi lì de xiān huā　dàn zhè ge hái

子，别的孩子都送去了美丽的鲜花，但这个孩

zi sòng qù de zhǐ shì yí ge kōng huā pén　　guó wáng wèn tā　　nǐ zhòng de

子送去的只是一个空花盆。国王问他："你种的

huā ne　　hái zi liú zhe yǎn lèi shuō　　wǒ de huā zhǒng shén me dōu méi

花呢？"孩子流着眼泪说："我的花种什么都没

zhǎng chu lai　　guó wáng xiào zhe shuō　　nǐ shì ge chéng shí de hái zi

长出来。"国王笑着说："你是个诚实的孩子，

jiù ràng nǐ dāng xīn guó wáng ba
就让你当新国王吧。"

yuán lái　　guó wáng fā de huā zhǒng dōu shì zhǔ shóu le de
原来，国王发的花种都是煮熟了的。

shēng zì
生字 (Characters)

chéng wáng chéng měi sòng
诚 王 城 美 送

cí yǔ
词语 (Words and expressions)

chéngshí guówáng měilì
诚实　国王　美丽
xiānhuā yǎnlèi
鲜花　眼泪

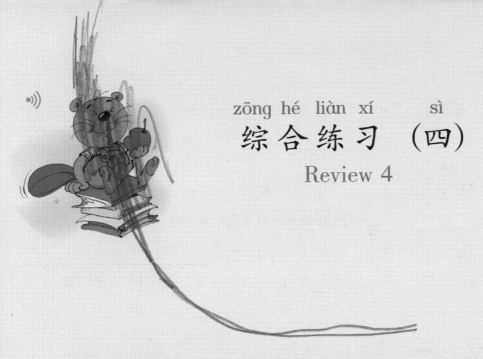

zōng hé liàn xí　　　sì
综合练习（四）
Review 4

zhào lì　zi lián yi lián　　　xiě hàn zì
1. 照例子连一连，写汉字 (Link and write after the model.)

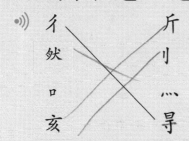

亻	斤
犾	刂
口	灬
亥	寻

听
刻
然
　得

zhào lì　zi lián yi lián　　　zǔ cí yǔ
2. 照例子连一连，组词语 (Link and form phrases after the model.)

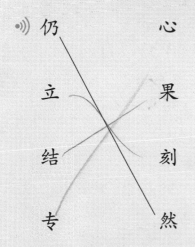

仍	心
立	果
结	刻
专	然

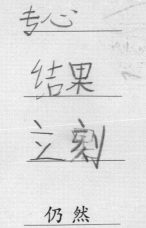

专心
结果
立刻
仍然

3. 选词语填空 (Choose the right words to fill in the blanks.)

•)) 三心二意　专心　快　慢　来　去

(1) 一只蜻蜓飞过 ___来___ ，小猫就 ___去___ 捉蜻蜓。

(2) 小猫 _三心二意_ ，一条鱼也没有钓到，后来它 _专心_
地钓鱼，不一会儿，就钓到了一条大鱼。

(3) 兔子跑得很 ___快___ ，乌龟一步一步向前爬，爬得
很 ___慢___ 。

4. 照例子写句子 (Put the given words in the correct order to make sentences after the model.)

例: 出去跑　飞快地　兔子

•)) 兔子飞快地跑出去。

(1) 跑　不停地　向前　兔子

兔子不停地向前跑

(2) 怎么　小猫　鱼　钓不到

小猫怎么钓不到鱼。

(3) 欺骗　大家　放羊的孩子　被　又　了

大家又被放羊的孩子欺骗了

5. 照例子写一写 (Reconstruct the sentences with the given expressions after the model.)

(1) 例: 云云唱歌，云云画画儿。 (一会儿…一会儿…)
云云一会儿唱歌，一会儿画画儿。

她走过来，她走过去。 （一会儿…一会儿…）

<u>她一会儿走过来 一会儿走过去。</u>

(2) 例：小鸟叫："一二三"，兔子飞快地跑了出去。

（一…就…）

<u>小鸟一叫："一二三"，兔子就飞快地跑了出去。</u>

山下的人们听到叫喊声，山下的人们跑上山来。

（一…就…）

<u>山下的人们一听到叫喊声 他们就大跑上山来。</u>

(3) 例：我把房间收拾好了。 （被）

<u>房间被我收拾好了。</u>

那个孩子把大家骗了。 （被）

<u>大家被孩子骗了。</u>

zǒng liàn xí
总 练 习
Exercises

zhào lì zì xiě chū dài yǒu xià liè piān páng bù shǒu de zì
1. 照例子写出带有下列偏旁部首的字 （Write characters with the given radicals after the model.）

lì
例：宀 ： 字 富

火 ： 灯 灿   犭： 狂 独

目 ： 睡 眼   辶： 还 送

忄： 怀 快   足： 跳 跑

讠： 许 说   钅： 钓 钛

zhào lì zi lián yi lián zǔ cí yǔ
2. 照例子连一连，组词语 （Link and form phrases after the model.）

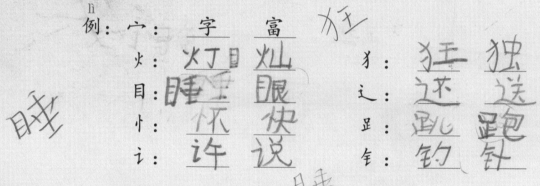

根　怎　仍　成　真　马　现

为　是　上　在　本　么　然

成为　真是　马上　现在　根本　怎么　仍然

bǐ yi bǐ zài zǔ cí yǔ
3. 比一比，再组词语 （Compare and form phrases.）

意 意为

童 童话故事

乌 乌电

鸟 小鸟

已 记 跑 起

己 经 已经

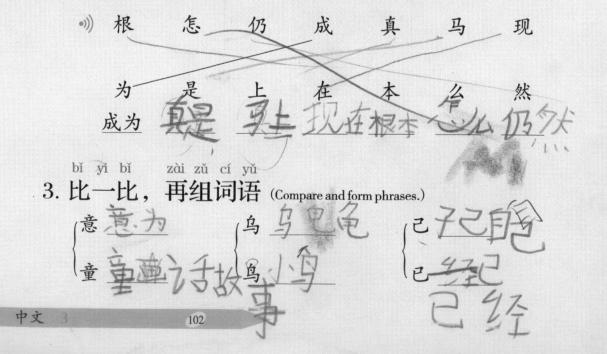

道 { 知道 通 { 交通

常 { 常常 尝 { 尝尝

决 { 决的 快 { 很快

4. 照例子连一连，组词语 (Link and form phrases after the model.)

量   试验   做试验
讲   大雪   下大雪
钓   花蜜   采花蜜
采   体温   量体温
做   故事   讲故事
打   鱼   钓鱼
下   针   打针

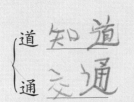

5. 照例子完成句子 (Complete the sentences after the model.)

例：他一边看一边想。

    云云一边写字一边唱歌。

(1) 我去中文学校学汉语。
    我 去中文学校学汉语。

(2) 大家一尝就知道了。
    你们一 尝 就 知道 的。

(3) 乌龟不停地向前爬。
    乌龟 不停地 向前爬。

(4) 纸是蔡伦发明的。
    纸 是 蔡伦发明 的。

(5) 我怎么钓不到鱼呢？

_____我_____ 怎么 钓不到鱼 呢

(6) 人们又被他欺骗了。

_____人们_____ 又被 他欺骗了 。

6. 连词成句 (Put the given words in the correct order to make sentences.)

(1) 坏孩子 人们 那个 被 了 骗

_____人们被那个坏孩子骗了。_____

(2) 医院 看 我 病 去

_____我去医院看病。_____

(3) 爬 小乌龟 向前 慢慢地

_____小乌龟向慢慢地向前爬。_____

(4) 我 写信 中文 能 用

_____我能用中文写信。_____

(5) 就 妈妈 一 知道 尝 了

_____妈妈一尝就知道了_____

dú kè wén pàn duàn jù zi duì de dǎ   cuò de dǎ
7. 读课文,判断句子,对的打"√",错的打"×"

(Judge the correctness of the sentences below with "√" on each right sentence and "×" on each wrong sentence according to the text.)

(1) 过马路时,看见红灯要停,看见绿灯快快走。 (√)

(2) 水有时是"汽",有时是"云",有时是"雪"。 (√)

wǎ tè
(3) 瓦特的奶奶也不知道壶盖为什么会动。 (√)

(4) 造纸术是中国古代四大发明之一。 (√)

(5) 龟兔赛跑时,乌龟不停地向前爬,得了第一名。 (√)

(6) 小猫钓鱼不专心,也钓到了一条大鱼。 (×)

Alphabetic Vocabulary
(Comparison between Simplified and Traditional Chinese Characters)

B 把$_9$ 报$_2$（報） 被$_{12}$ 鼻$_4$ 边$_4$（邊） 变$_5$（變） 便$_9$
病$_3$ 布$_9$ 步$_{10}$

C 猜$_4$ 采$_4$ 层$_7$（層） 尝$_6$（嚐） 常$_8$ 成$_5$ 吃$_2$ 冲$_8$
传$_4$（傳） 床$_7$

D 打$_9$ 代$_9$ 带$_3$（帶） 道$_1$ 得$_{10}$ 灯$_1$（燈） 等$_2$ 低$_7$
弟$_1$ 第$_{10}$ 店$_2$ 钓$_{11}$（釣） 掉$_5$ 动$_4$（動） 朵$_4$

F 饭$_2$（飯） 粉$_4$ 付$_2$

G 盖$_8$（蓋） 干$_9$（乾） 感$_3$ 干$_{12}$（幹） 根$_{12}$ 更$_7$ 狗$_6$
故$_2$ 怪$_8$ 龟$_{10}$（龜） 过$_6$（過）

H 喊$_{12}$ 候$_5$ 壶$_8$（壺） 护$_3$（護） 话$_2$（話） 谎$_{12}$（謊） 回$_{10}$

J 机$_8$（機） 几$_{11}$（幾） 已$_6$ 交$_1$ 觉$_5$（覺） 街$_1$ 结$_{11}$（結）
经$_{11}$（經） 睛$_4$ 静$_7$ 就$_3$ 举$_7$（舉） 决$_9$

K 科₈（kē） 刻₁₂（kè） 课₂（kè）（課） 宽₁（kuān）（寬）

L 拉₁（lā） 狼₁₂（láng） 劳₄（láo）（勞） 冷₅（lěng） 理₁₂（lǐ） 凉₆（liáng） 量₃（liáng） 楼₇（lóu）（樓）

M 满₆（mǎn）（滿） 慢₁₀（màn） 忙₁（máng） 猫₆（māo） 冒₃（mào） 妹₁（mèi） 蜜₄（mì）

N 拿₂（ná） 呢₂（ne） 能₁₁（néng） 弄₁₂（nòng）

P 爬₁₀（pá） 跑₅（pǎo） 皮₉（pí） 片₉（piàn） 骗₁₂（piàn）（騙） 飘₅（piāo）（飄） 破₉（pò）

Q 欺₁₂（qī） 奇₈（qí） 气₈（qì）（氣） 汽₅（qì） 千₇（qiān） 钱₂（qián）（錢）

R 然₁₀（rán） 让₈（ràng）（讓） 仍₁₀（réng）

S 撒₁₂（sā） 赛₁₀（sài）（賽） 烧₃（shāo）（燒） 声₁₂（shēng）（聲） 诗₇（shī）（詩） 士₃（shì）
试₈（shì）（試） 首₇（shǒu） 睡₅（shuì）

T 糖₆（táng） 甜₆（tián） 跳₅（tiào） 停₁（tíng） 通₁（tōng） 童₂（tóng） 兔₆（tù）

W 往₁（wǎng） 望₇（wàng） 位₈（wèi） 温₃（wēn） 乌₁₀（wū）（烏）

X 咸₆（xián）（鹹） 现₂（xiàn）（現） 乡₇（xiāng）（鄉） 笑₁₁（xiào）

Y 盐₆（yán）（鹽） 眼₄（yǎn） 验₈（yàn）（驗） 药₃（yào）（藥） 医₃（yī）（醫） 疑（yí）
已₁₁（yǐ） 意₁₀（yì） 英₈（yīng） 元₉（yuán） 院₃（yuàn）

Z 造₉（zào） 怎₁₁（zěn） 针₃（zhēn）（針） 争₆（zhēng） 之₉（zhī） 只₄（zhī）（隻） 知₅（zhī）
纸₉（zhǐ）（紙） 珠₅（zhū） 竹₉（zhú） 专₁₁（zhuān）（專） 追₁₀（zhuī） 捉₁₁（zhuō） 自₆（zì） 嘴₄（zuǐ）

	bèi	bízi	biàn	biéren	bìng	bù	bù
B	被12	鼻子4	变5	别人12	病3	布9	步10

	cāi	cǎi	céng	cháng	chángcháng	chī	chōng	chūlai
C	猜4	采4	层7	尝6	常常8	吃2	冲8	出来5

	chūqu	chuáng	cóngqián
	出去10	床7	从前12

	dǎkāi	dǎzhēn	dài	dēng	děng	dī	dìdi
D	打开6	打针3	带3	灯1	等2	低7	弟弟1

	diàn	diào	diào	duǒ
	店2	钓11	掉5	朵4

	értóng	ěrduo
E	儿童2	耳朵4

	fāmíng	fāshāo	fàn	fāngbiàn	fàngxīn	fù
F	发明8	发烧3	饭2	方便9	放心3	付2

	gài	gān	gǎnmào	gàn	gànhuór	gēnběn	gèng
G	盖8	干9	感冒3	干12	干活儿12	根本12	更7

	gōngyuán	gǒu	gǔdài	gùshi	gùxiāng	gùyì	guī
	公元9	狗6	古代9	故事2	故乡7	故意12	龟10

	guòlai	guòqu
	过来6	过去10

	háishì	hǎn	hòulái	hú	hùshi	huàbào	huí
H	还是8	喊12	后来8	壶8	护士3	画报2	回10

	jǐ	jiāotōng	jiēdào	jiéguǒ	jìng	jǔ	juéxīn
J	几11	交通1	街道1	结果11	静7	举7	决心9

	kànjian	kēxuéjiā	kěyǐ	kè	kèběn	kuān
K	看见1	科学家8	可以10	刻12	课本2	宽1

	lā	láng	láodòng	lěng	lìkè	liáng	liáng	lóu
L	拉₁	狼₁₂	劳动₄	冷₅	立刻₁₂	凉₆	量₃	楼₇

lā | láng | láodòng | lěng | lìkè | liáng | liáng | lóu

L 拉₁ 狼₁₂ 劳动₄ 冷₅ 立刻₁₂ 凉₆ 量₃ 楼₇

mǎshàng | mǎn | màn | máng | māo | mèimei

M 马上₆ 满₆ 慢₁₀ 忙₁ 猫₆ 妹妹₁

ná | néng | nòng

N 拿₂ 能₁₁ 弄₁₂

pá | pǎo | pí | piàn | piàn | piāo | pò

P 爬₁₀ 跑₅ 皮₉ 片₉ 骗₁₂ 飘₅ 破₉

qīpiàn | qíguài | qǐlai | qì | qì | qiān | qián

Q 欺骗₁₂ 奇怪₈ 起来₂ 气₈ 汽₅ 千₇ 钱₂

ràng | rénmen | réngrán

R 让₈ 人们₅ 仍然₁₀

sài | sānxīn'èryì | shēnbiān | shēngqì | shēng

S 赛₁₀ 三心二意₁₁ 身边₁₀ 生气₁₁ 声₁₂

shī | shíhou | shìyàn | shǒu | shūdiàn | shuìjiào

诗₇ 时候₈ 试验₈ 首₇ 书店₂ 睡觉₅

tāmen | táng | tián | tiào | tīngjian | tíng | tù

T 他们₆ 糖₆ 甜₆ 跳₅ 听见₆ 停₁ 兔₆

wǎng | wàng

W 往₁ 望₇

xiàlai | xián | xiànzài | xiào

X 下来₅ 咸₆ 现在₂ 笑₁₁

yán | yǎnjing | yào | yīyuàn | yí | yǐjīng

Y 盐₆ 眼睛₄ 药₃ 医院₃ 疑₇ 已经₁₁

yìbiān | yìbiān | yìdiǎnr | yíhuìr | yǒumíng

一边…一边₄… 一点儿₃ 一会儿₁₁ 有名₈

yǒushíhou

有时候₅

zěnme | zhèyàng | zhēn | zhēng | zhīdào | zhǐ | zhú

Z 怎么₁₁ 这样₁₀ 针₃ 争₆ 知道₅ 纸₉ 竹₉

zhuānxīn | zhuī | zhuō | zìjǐ | zuǐ

专心₁₁ 追₁₀ 捉₁₁ 自己₆ 嘴₄

句子

jù zi

句子

Sentences

kàn jian lù dēng wǎng qián zǒu
1. 看见绿灯往前走。

wǒ gāo gāo xìng xìng de zǒu chu le shū diàn
2. 我高高兴兴地走出了书店。

wǒ qù yī yuàn kàn bìng
3. 我去医院看病。

yì biān shuō huà yì biān tīng
4. 一边说话一边听。

nǐ men zhī dào wǒ shì shéi ma
5. 你们知道我是谁吗?

dà jiā cháng yi cháng jiù zhī dào le
6. 大家尝一尝就知道了。

shuǐ zhēng qì néng ràng hú gài dòng qi lai
8. 水蒸气能让壶盖动起来。

zhǐ shì Cài lún fā míng de
9. 纸是蔡伦发明的。

tù zi fēi kuài de pǎo le chu qu
10. 兔子飞快地跑了出去。

wǒ zěn me diào bú dào yú ne
11. 我怎么钓不到鱼呢?

rén men yòu bèi tā qī piàn le
12. 人们又被他欺骗了。

汉字笔画名称表

hàn zì bǐ huà míng chēng biǎo

Table of Chinese Characters' Strokes

笔画 (bǐ huà)	名称 (míng chēng)	例字 (lì zì)	笔画 (bǐ huà)	名称 (míng chēng)	例字 (lì zì)
、	点 (diǎn)	六 (liù)	乛	横撇弯钩 (héng piě wān gōu)	那 (nà)
一	横 (héng)	一 (yī)	亅	竖钩 (shù gōu)	水 (shuǐ)
丨	竖 (shù)	十 (shí)	亅	弯钩 (wān gōu)	家 (jiā)
丿	撇 (piě)	人 (rén)	乚	竖提 (shù tí)	民 (mín)
乀	捺 (nà)	大 (dà)	乚	竖折 (shù zhé)	山 (shān)
ノ	提 (tí)	习 (xí)	乚	竖弯 (shù wān)	西 (xī)
㇐	横钩 (héng gōu)	写 (xiě)	乚	竖弯钩 (shù wān gōu)	电 (diàn)
㇇	横折 (héng zhé)	口 (kǒu)	㇄	竖折折 (shù zhé zhé)	鼎 (dǐng)
㇆	横折钩 (héng zhé gōu)	月 (yuè)	㇄	竖折折钩 (shù zhé zhé gōu)	鸟 (niǎo)
㇅	横撇 (héng piě)	又 (yòu)	乀	斜钩 (xié gōu)	我 (wǒ)
㇇	横折提 (héng zhé tí)	认 (rèn)	乚	卧钩 (wò gōu)	心 (xīn)
乙	横折弯钩 (héng zhé wān gōu)	九 (jiǔ)	㇁	撇折 (piě zhé)	给 (gěi)
廴	横折折撇 (héng zhé zhé piě)	建 (jiàn)	㇃	撇点 (piě diǎn)	女 (nǚ)
弓	横折折折钩 (héng zhé zhé zhé gōu)	奶 (nǎi)			

写字笔顺规则表

Table of Stroke Order

规　则 guī　zé	例字 lì　zì	笔　顺 bǐ　shùn
先横后竖 xiān héng hòu shù	十 shí	一 十
	干 gàn	一 二 干
先撇后捺 xiān piě hòu nà	八 bā	丿 八
	天 tiān	一 二 于 天
从上到下 cóng shàng dào xià	三 sān	一 二 三
	早 zǎo	丶 口 曰 旦 早
从左到右 cóng zuǒ dào yòu	地 dì	一 十 土 圤 地 地
	说 shuō	丶 讠 讠 讱 讱 说 说 说
从外到内 cóng wài dào nèi	同 tóng	丨 冂 冂 同 同 同
	向 xiàng	丿 亻 冋 向 向 向
从内到外 cóng nèi dào wài	山 shān	丨 山 山
	这 zhè	丶 二 亠 文 文 这 这
先里头后封口 xiān lǐ tou hòu fēng kǒu	日 rì	丨 冂 月 日
	园 yuán	丨 冂 冂 月 月 园 园
先中间后两边 xiān zhōng jiān hòu liǎng biān	小 xiǎo	亅 小 小
	水 shuǐ	亅 刀 水 水

由于汉字结构形式比较复杂，有的字很难按上面笔顺规则书写，只能按习惯笔顺。如，力(刀力)、与(一与与)、女(乚女女)、也(乛也也)等。

汉字偏旁名 称表

Names of Radicals of Chinese Characters

1.本表列举一部分常见汉字偏旁的名称，以便教学。

(This table lists some of the common radicals of Chinese characters for the convenience of teaching and learning.)

2.本表收录的汉字偏旁，大多是现在不能单独成字、不易称呼或者称呼很不一致的。能单独成字、易于称呼的，如山、马、日、月、石、鸟、虫等，不收录。

(Most of the radicals this table includes are not characters by themselves，or difficult to name，or have confusing names. The radicals that are Chinese characters by themselves and easily pronounced，such as 山 shān，马 mǎ，日 rì，月 yuè，石 shí，鸟 niǎo，虫 chóng，etc.，have not been listed here.)

3.有的偏旁有几种不同的叫法，本表只取较为通行的名称。

(Some radicals have different names，but this table only offers the most commonly used ones.)

偏　旁 Radical	名　称 Name	例　字 Examples
厂	偏厂儿（piānchǎngr）	原厅、历、厚
匚	区字框儿（qūzìkuàngr）； 三框儿（sānkuàngr）	区、匠、匣
刂	立刀旁儿（lìdāopángr）； 立刀儿（lìdāor）	到列、别、剑
冂（冂）	同字框儿（tóngzìkuàngr）	冈、网、周
亻	单人旁儿（dānrénpángr）； 单立人儿（dānlìrénr）	像仁、位、你
勹	包字头儿（bāozìtóur）	勺、勾、旬
亠	京字头儿（jīngzìtóur）	六、交、亥
冫	两点水儿（liǎngdiǎnshuǐr）	次、冷、准
冖	秃宝盖儿（tūbǎogàir）	写、军、冠
讠	言字旁儿（yánzìpángr）	说计、论、识
卩	单耳旁儿（dān'ěrpángr）； 单耳刀儿（dān'ěrdāor）	卯卫、印、却

偏 旁 Radical	名 称 Name	例 字 Examples
阝	双耳旁儿 (shuāng'ěrpángr)； 双耳刀儿 (shuāng'ěrdāor) 　　左耳刀儿 (zuǒ'ěrdāor)　(在左) 　　右耳刀儿 (yòu'ěrdāor)　(在右)	防、阻、院 阳 邦、那、郊
厶	私字儿 (sīzìr)	允、去、矣
廴	建之旁儿 (jiànzhīpángr)	廷、延、建
扌	提土旁儿 (títǔpángr)	地、场、城
扌	提手旁儿 (tíshǒupángr)	拍 扛、担、摘 拉
艹	草字头儿 (cǎozìtóur)； 草头儿 (cǎotóur)	艾、花、英
廾	弄字底儿 (nòngzìdǐr)	开、弁、异
尢	尤字旁儿 (yóuzìpángr)	尤、龙、尥
囗	国字框儿 (guózìkuàngr)	因、国、图 窗
彳	双人旁儿 (shuāngrénpángr)； 双立人儿 (shuānglìrénr)	行、征、徒
彡	三撇儿 (sānpiěr)	形、参、须
犭	反犬旁儿 (fǎnquǎnpángr)； 犬犹儿 (quǎnyóur)	狍 狂、独、狠 猫
夂	折文儿 (zhéwénr)	处、冬、夏
饣	食字旁儿 (shízìpángr)	饮、饲、饰
丬 (爿)	将字旁儿 (jiàngzìpángr)	壮、状、斨
广	广字旁儿 (guǎngzìpángr)	庄、店、席
氵	三点水儿 (sāndiǎnshuǐr)	江、汪、活
忄	竖心旁儿 (shùxīnpángr)； 竖心儿 (shùxīnr)	怀、快、性
宀	宝盖儿 (bǎogàir)	宇、定、宾
辶	走之儿 (zǒuzhīr)	过、还、送
子	子字旁儿 (zǐzìpángr)	孔、孙、孩
纟	绞丝旁儿 (jiǎosīpángr)； 乱绞丝儿 (luànjiǎosīr)	绿 红、约、纯
巛	三拐儿 (sānguǎir)	甾、邕、巢

偏 旁 Radical	名 称 Name	例 字 Examples
王	王字旁儿（wángzìpángr）； 斜玉旁儿（xiéyùpángr）	玩、珍、班
木	木字旁儿（mùzìpángr）	朴、杜、栋
牛	牛字旁儿（niúzìpángr）	牡、物、牲
攵	反文旁儿（fǎnwénpángr）； 反文儿（fǎnwénr）	收、政、教
爫	爪字头儿（zhǎozìtóur）	妥、受、舀
火	火字旁儿（huǒzìpángr）	灯、灿、烛
灬	四点儿（sìdiǎnr）	杰、点、热
礻	示字旁儿（shìzìpángr）； 示补儿（shìbǔr）	礼、社、祖
夫	春字头儿（chūnzìtóur）	奉、奏、秦
罒	四字头儿（sìzìtóur）	罗、罢、罪
皿	皿字底儿（mǐnzìdǐr）； 皿墩儿（mǐndūnr）	盂、益、盔
钅	金字旁儿（jīnzìpángr）	钢、钦、铃
禾	禾木旁儿（hémùpángr）	和、秋、种
疒	病字旁儿（bìngzìpángr）； 病旁儿（bìngpángr）	症、疼、痕
衤	衣字旁儿（yīzìpángr）； 衣补儿（yībǔr）	初、袖、被
癶	登字头儿（dēngzìtóur）	癸、登、凳
覀	西字头儿（xīzìtóur）	要、贾、票
虍	虎字头儿（hǔzìtóur）	虏、虑、虚
竹	竹字头儿（zhúzìtóur）	笑、笔、笛
羊	羊字旁儿（yángzìpángr）	差、羚、羯
类	卷字头儿（juànzìtóur）	券、拳、眷
米	米字旁儿（mǐzìpángr）	粉、料、粮
𧾷	足字旁儿（zúzìpángr）	跑跃、距、蹄 跳
髟	髦字头儿（máozìtóur）	髦、髯、鬓

汉语拼音方案

Phonetic System of the Chinese Language

（1957 年 11 月 1 日国务院全体会议第 60 次会议通过）

（Endorsed at the 60th meeting of the Plenary Session of the State Council on November 1st, 1957.）

（1958 年 2 月 11 日第一届全国人民代表大会第五次会议批准）

（Approved at the 5th Session of the 1st National People's Congress of February 11st, 1958.）

一、字母表
The Alphabet

字母 (Alphabet) 名称 (Name)						
Aa	Bb	Cc	Dd	Ee	Ff	Gg
ㄚ	ㄅㄝ	ㄘㄝ	ㄉㄝ	ㄜ	ㄝㄈ	ㄍㄝ
Hh	Ii	Jj	Kk	Ll	Mm	Nn
ㄏㄚ	ㄧ	ㄐㄧㄝ	ㄎㄝ	ㄝㄌ	ㄝㄇ	ㄋㄝ
Oo	Pp	Qq	Rr	Ss	Tt	
ㄛ	ㄆㄝ	ㄑㄧㄡ	ㄚㄦ	ㄝㄙ	ㄊㄝ	
Uu	Vv	Ww	Xx	Yy	Zz	
ㄨ	ㄪㄝ	ㄨㄚ	ㄒㄧ	ㄧㄚ	ㄗㄝ	

V 只用来拼写外来语、少数民族语言和方言。

The letter v is only used in loan words, ethnic minority languages and dialects.

字母的手写体依照拉丁字母的一般书写习惯。

The letters are written in the same way as the Latin alphabets.

二、声母表
The Initials

b	p	m	f	d	t	n	l
ㄅ玻	ㄆ坡	ㄇ摸	ㄈ佛	ㄉ得	ㄊ特	ㄋ讷	ㄌ勒
g	k	h		j	q	x	
ㄍ哥	ㄎ科	ㄏ喝		ㄐ基	ㄑ欺	ㄒ希	
zh	ch	sh	r	z	c	s	
ㄓ知	ㄔ蚩	ㄕ诗	ㄖ日	ㄗ资	ㄘ雌	ㄙ思	

在给汉字注音的时候，为了使拼式简短，zh ch sh 可以省作 ẑ ĉ ŝ。

When phonetic notations are given to Chinese characters, zh, ch and sh can be abbreviated as ẑ, ĉ and ŝ to simplify the spelling.

三、韵母表
The Finals

	i I　衣		u ㄨ　乌		ü ㄩ　迂	
a ㄚ　啊	ia ｜ㄚ　呀		ua ㄨㄚ　蛙			
o ㄛ　喔			uo ㄨㄛ　窝			
e ㄜ　鹅	ie ｜ㄝ　耶				üe ㄩㄝ　约	
ai ㄞ　哀			uai ㄨㄞ　歪			
ei ㄟ　欸			uei ㄨㄟ　威			
ao ㄠ　熬	iao ｜ㄠ　腰					
ou ㄡ　欧	iou ｜ㄡ　忧					
an ㄢ　安	ian ｜ㄢ　烟		uan ㄨㄢ　弯		üan ㄩㄢ　冤	
en ㄣ　恩	in ｜ㄣ　因		uen ㄨㄣ　温		ün ㄩㄣ　晕	
ang ㄤ　昂	iang ｜ㄤ　央		uang ㄨㄤ　汪			
eng ㄥ　亨的韵母	ing ｜ㄥ　英		ueng ㄨㄥ　翁			
ong (ㄨㄥ)　轰的韵母	iong ㄩㄥ　雍					

1. "知、蚩、诗、日、资、雌、思"等七个音节的韵母用 i，即知、蚩、诗、日、资、雌、思等字拼作 zhi, chi, shi, ri, zi, ci, si。

   The final i is used in the seven syllables of "知、蚩、诗、日、资、雌" and "思"，and thus they are spelled respectively as zhi, chi, shi, ri, zi, ci and si.

2. 韵母ㄦ写成 er，用作韵尾的时候写成 r。例如："儿童"拼作 ertong，"花儿"拼作 huar。

   The final ㄦ is written as er，but as r when used as a tail final，i.e."儿童" ertong and "花儿" huar.

3. 韵母ㄝ单用的时候写成 ê。

   The final ㄝ is written as ê when used independently.

4. i 行的韵母，前面没有声母的时候，写成 yi（衣），ya（呀），ye（耶），yao（腰），you（忧），yan（烟），yin（因），yang（央），ying（英），yong（雍）。

   The finals in the i row are written as yi（衣），ya（呀），ye（耶），yao（腰），you（忧），yan（烟），yin（因），yang（央），ying（英），yong（雍）if no initials precede them.

   u 行的韵母，前面没有声母的时候，写成 wu（乌），wa（蛙），wo（窝），wai（歪），wei

（威），wan（弯），wen（温），wang（汪），weng（翁）。

The finals in the u row are written as wu（乌），wa（蛙），wo（窝），wai（歪），wei（威），wan（弯），wen（温），wang（汪）and weng（翁）if no initials precede them.

ü行的韵母，前面没有声母的时候，写成yu（迂），yue（约），yuan（冤），yun（晕）；ü上两点省略。

The finals in the ü row are written as yu（迂），yue（约），yuan（冤）and yun（晕）if no initials precede them，and the two dots of ü are omitted.

ü行的韵母跟声母j，q，x拼的时候，写成ju（居），qu（区），xu（虚），ü上两点也省略；但是跟声母n，l拼的时候，仍然写成nü（女），lü（吕）。

When the finals in the ü row are used together with the initials of j，q and x，they are written as ju（居），qu（区），xu（虚）with the two dots of ü being omitted；when they are used together with the initials of n and l，the two dots of ü are retained as in nü（女）and lü（吕）.

5. iou，uei，uen 前面加声母的时候，写成iu，ui，un。例如：niu（牛），gui（归），lun（论）。
When iou，uei and uen are preceded by initials，they are written as iu，ui and un，such as in niu（牛），gui（归）and lun（论）.

6. 在给汉字注音的时候，为了使拼式简短，ng 可以省作 ŋ。
When phonetic notations are added to Chinese characters，ng may be abbreviated as ŋ to simplify the spelling.

四、声调符号
The Symbols of Tones

阴平	阳平	上声	去声
high and level tone	rising tone	falling-rising tone	falling tone
-	´	ˇ	`

声调符号标在音节的主要母音上，轻声不标。例如：

The symbol of each tone is marked on the main vowel of a syllable，but it is omitted when the pronunciation is light. For example:

妈 mā	麻 má	马 mǎ	骂 mà	吗 ma
（阴平）	（阳平）	（上声）	（去声）	（轻声）
high and level tone	rising tone	falling-rising tone	falling tone	light pronunciation

五、隔音符号
The Syllable-dividing Mark

a，o，e 开头的音节连接在其他音节后面的时候，如果音节的界限发生混淆，用隔音符号（'）隔开，例如：pi'ao（皮袄）。

When a syllable beginning with a，o，e follows another syllable，and the boundary of the two syllables are confusing，the syllable-dividing mark（'）is used to separate them，i.e. pi'ao（皮袄）.

第一册

yīn xù shēng zì biǎo　jiǎn fán duì zhào
音序生字表（简繁对照）

Alphabetic Vocabulary 1
(Comparison between Simplified and Traditional Chinese Characters)

ài
A 爱₇（愛）

bā　bà　bái　bǎi　běi
B 八₁　爸₉　白₆　百₁　北₁₁

cǎo　chē　　　chóng　　　chū　chuān　chūn
C 草₆　车₈（車）　虫₆（蟲）　出₄　穿₁₂　春₅

dà　dài　dào　de　dì　diàn　　dōng　　dōng　duō
D 大₂　戴₁₂　到₁₂　的₉　地₅　电₅（電）　东₁₁（東）　冬₅　多₂

ér　　　ěr　èr
E 儿₁₀（兒）　耳₂　二₁

fāng　fēng
F 方₁₁　风₅（風）

gāo　gè
G 高₈　个₁₀（個）

hǎo　hé　hé　hēi　hóng　　hòu　　huā　huáng　huǒ
H 好₈　禾₃　和₉　黑₆　红₆（紅）　后₁₀（後）　花₁₀　黄₆　火₃

jì　jiā　jiàn　　jiǔ
J 季₁₀　家₉　见₈（見）　九₁

kāi　　kàn　kǒu
K 开₈（開）　看₁₀　口₂

lái　　　lán　　lǎo　le　lì　liù　lǜ
L 来₄（來）　蓝₆（藍）　老₇　了₈　立₄　六₁　绿₆（綠）

mā　　mǎ　　mào　mén　　men　　miàn　mù　mù
M 妈₉（媽）　马₆（馬）　帽₁₂　门₁₀（門）　们₈（們）　面₁₁　木₃　目₂

nǎi　nán　nào　　nǐ　nián　niǎo　　niú
N 奶₉　南₁₁　闹₁₂（鬧）　你₈　年₁₀　鸟₆（鳥）　牛₆

qī　qián　qiū　qù
Q 七₁　前₁₀　秋₅　去₄

rè　　rén　rèn　　rì　rù
R 热₁₂（熱）　人₂　认₁₁（認）　日₃　入₄

sān　shān　shàng　shǎo　shēn　shēng　shī　　shí　shí　shì　shǒu　shuǐ
S 三₁　山₃　上₄　少₂　身₁₂　生₇　师₇（師）　十₁　石₃　是₇　手₂　水₃

shuō　　sì
说₈（説）　四₁

	tā	tài	tǐ		tiān	tián	tóng	tóu	tǔ
T	他10	太11	体12(體)		天5	田3	同7	头2(頭)	土3
	wài	wén	wǒ	wǔ					
W	外10	文7	我7	五1					

	xī	xí		xià	xià	xiàng	xiǎo	xiào	xīn		xìng		xué		xuě
X	西11	习12(習)		下4	夏5	向11	小2	校7	新12		兴8(興)		学7(學)		雪5
	yáng	yáng		yé		yī	yī	yǒu	yòu	yú		yǔ		yuán	
Y	羊6	阳11(陽)		爷9(爺)		一1	衣12	有9	右4	鱼6(魚)		雨5		园10(園)	
	yuè	yún													
	月3	云5(雲)													

	zǎo	zhè		zhēn	zhōng	zhù	zǒu	zú	zuǒ	zuò
Z	早8	这9(這)		真8	中4	祝12	走4	足2	左4	坐4

第二册

yīn xù shēng zì biǎo　　jiǎn fán duì zhào
音序生字表（简繁对照）

Alphabetic Vocabulary 2
（Comparison between Simplified and Traditional Chinese Characters）

	ba	bāng		bāo	bǎo		běn	bǐ		bié	bù
B	吧$_{10}$	帮$_{12}$（幫）		包$_5$	宝$_7$（寶）		本$_2$	笔$_2$（筆）		别$_6$	不$_2$

	cháng		chàng	cóng
C	长$_{11}$（長）		唱$_5$	从$_{11}$（從）

	dàn	de	de	diǎn		dòng		dōu	dú		duì
D	蛋$_5$	地$_8$	得$_7$	点$_{12}$（點）		动$_9$（動）		都$_8$	读$_1$（讀）		对$_4$（對）

	è
E	饿$_6$（餓）

	fā		fáng	fàng	fēi
F	发$_{10}$（發）		房$_6$	放$_3$	飞$_9$（飛）

	gào	gē	gē	gěi		gēn	gōng	gōng	gǔ	guā
G	告$_3$	哥$_5$	歌$_1$	给$_5$（給）		跟$_8$	工$_7$	公$_{12}$	古$_{11}$	瓜$_{10}$
	guān	guāng	guó		guǒ					
	关$_4$（關）	光$_9$	国$_{11}$（國）		果$_5$					

	hái		hái	hǎi	hàn		hé	hěn	hú
H	还$_6$（還）		孩$_4$	海$_{12}$	汉$_1$（漢）		河$_9$	很$_8$	湖$_9$
	huá		huà		huān		huì		huó
	华$_{11}$（華）		画$_1$（畫）		欢$_1$（歡）		会$_6$（會）		活$_{12}$

	jì		jià	jiān		jiàn	jiāng	jiǎng		jiāo
J	记$_4$（記）		假$_{12}$	间$_6$（間）		件$_7$	江$_{11}$	讲$_2$（講）		教$_1$
	jiào	jiào	jiě	jīn	jù	jué				
	叫$_{11}$	教$_2$	姐$_5$	今$_3$	具$_5$	觉$_8$（覺）				

	kǎ	kǎo	kě	kuài
K	卡$_5$	考$_7$	可$_6$	快$_{12}$

	lè		lǐ	liǎng	liàng	liú	lǚ
L	乐$_{12}$（樂）		里$_2$（裏）	两$_7$（兩）	亮$_8$	流$_9$	旅$_{12}$

	ma		mǎi		me	méi	miáo	míng	míng	mǔ
M	吗$_2$（嗎）		买$_5$（買）		么$_8$（麼）	没$_4$	苗$_{10}$	名$_{11}$	明$_8$	母$_{11}$

	nǎ	nà	nǎo
N	哪$_8$	那$_2$	脑$_7$（腦）

	péng
P	朋$_3$

	qī	qǐ	qīn	qǐng
Q	期$_3$	起$_4$	亲$_{11}$（親）	请$_4$（請）

S   shéi 谁$_3$(誰)   shén 什$_8$ shí 时$_9$(時)   shí 拾$_6$ shì 事$_6$ shì 室$_2$ shōu 收$_6$ shū 书$_2$(書)   shù 树$_{10}$(樹)

shuāng 双$_7$(雙)   sī 思$_7$ sù 诉$_3$(訴)   suì 岁$_5$(歲)

T   tā 它$_{11}$ tā 她$_2$ tiáo 条$_{11}$(條)   tīng 听$_3$(聽)

W   wán 玩$_5$ wàn 万$_7$(萬)   wèi 为$_8$(為)   wèn 问$_3$(問)   wǔ 午$_3$ wù 务$_{12}$(務)   wù 物$_{12}$

X   xǐ 洗$_6$ xǐ 喜$_1$ xì 系$_4$(係)   xiǎng 想$_9$ xiě 写$_1$(寫)   xiè 谢$_4$(謝)   xīn 心$_3$ xīng 星$_3$

Y   yá 芽$_{10}$ yáng 洋$_{12}$ yào 要$_{10}$ yě 也$_8$ yè 夜$_9$ yǐ 以$_{12}$ yǒng 泳$_{12}$ yòng 用$_4$ yóu 游$_9$ yǒu 友$_3$ yòu 又$_7$ yǔ 语$_1$(語)

yuǎn 远$_8$(遠)

Z   zài 在$_1$ zài 再$_4$ zhāng 张$_5$(張)   zhǎng 长$_9$(長)   zhe 着$_{11}$ zhǒng 种$_{10}$(種)   zhòng 种$_{10}$(種)   zǐ 子$_2$ zì 字$_1$

zuì 最$_{11}$ zuó 昨$_5$ zuò 作$_7$ zuò 做$_4$

路 路
汽 汽
定 定 定
线 线
行 行
抢 抢 抢

图书在版编目（CIP）数据

中文·第三册/中国暨南大学华文学院编 .—修订版 .—广州：暨南大学出版社，2016.5
ISBN 978-7-81029-637-3

Ⅰ.中…
Ⅱ.中…
Ⅲ.对外汉语教学
Ⅳ.H195

监　制：中华人民共和国国务院侨务办公室
（中国·北京）
监制人：刘泽彭
电话/传真：0086-10-68320122

编写：中国暨南大学华文学院
（中国·广州）
电话/传真：0086-20-87206866

出版/发行：暨南大学出版社
（中国·广州）
电话/传真：0086-20-85221583

印制：东港股份有限公司
1997年6月第1版　2016年5月第3版　2017年9月第27次印刷
787mm×1092mm　1/16　8.5印张